AF466543

La Semaine Coloniale Française

du 10 au 17 Juin 1928

Cliché *Pays de France Illustre* d'après Émile Beaume

LA SEMAINE COLONIALE FRANÇAISE

L'année dernière, le Comité National de la *Semaine Coloniale* exposait au grand public la mission de propagande nationale qu'il s'est assignée, en se constituant, et lui présentait les premiers résultats obtenus par la Semaine improvisée en 1927.

Cette année, le Comité National ne reviendra pas sur ses origines ni sur la composition, dont on trouvera le détail dans les listes, mises à jour, qui figurent aux annexes de la présente brochure.

Il se propose, aujourd'hui, de donner un tableau complet de la *Semaine Coloniale* qui vient d'être réalisée en 1928, afin de permettre à chacun de se rendre compte des progrès obtenus depuis un an, comme de ceux qu'il reste à poursuivre, et de juger ainsi de la valeur d'une propagande nationale, à laquelle il n'est pas un Français qui ne doive s'intéresser.

I

LA SEMAINE COLONIALE DE 1928

Vulgariser et populariser

La *Semaine Coloniale* de 1928 se tint du 10 au 17 juin.

Le plan du Comité National était, encore et toujours, de vulgariser, et, surtout, de populariser l'idée coloniale. Ce plan consiste à donner à la France entière, et non plus seulement à une élite, la notion exacte des droits, des devoirs et des responsabilités qui sont de la deuxième puissance coloniale du monde.

Pour cela, il faut trouver le moyen de s'adresser aux pouvoirs publics et aux milieux cultivés, sans doute, mais au peuple surtout : tout mouvement d'opinion, en France, sera populaire, ou il ne sera pas.

Il faut s'adresser à Paris, centre cérébral de la France, il faut agir, en même temps, dans la Province, et même, par delà les mers, dans les membres les plus éloignés de cette France totale, qui doit prendre de plus en plus conscience de son unité dans sa diversité.

Autonomie des manifestations locales

Cette entreprise de diffusion générale, comment la concevoir ? La faute à éviter était de tomber dans la recherche d'une uniformité fastidieuse et irréalisable. Telle manifestation possible en Provence, ne l'est pas en Bretagne. Telle fête, qui plaît dans le Midi, ne saurait être présentée dans l'Est avec chances de succès. Enfin, les ressources financières, les moyens d'action de toute nature, sont éminemment variables et inégaux, d'une ville à l'autre.

Il fallait donc indiquer à chacun le but à atteindre, mais laisser à tous le choix des moyens pour atteindre ce but. Il fallait surtout éviter l'apparence d'un concours où une victoire facile eût été assurée à certains, au détriment des parents pauvres, dont la tâche était plus difficile et plus ingrate.

Le Comité National s'efforça donc de faire comprendre partout que l'autonomie de chacun restait pleine et entière quant aux formes de la participation. Une seule idée commune : toute la France exprimera, dans le même temps, la même pensée ! Unité d'inspiration, que chacun restait libre de réaliser à sa manière.

La Semaine Coloniale, manifestation nationale

Et cette conception libérale reçut la sanction du succès. Sur un petit nombre de points, l'abstention persista, le plus souvent bienveillante, d'ailleurs : il est plus facile de s'abstenir que d'agir; il est toujours, pour excuser l'inaction, une objection possible à toute action. Mais la bonne volonté générale aboutit, un peu partout, au résultat souhaité : la *Semaine Coloniale* de 1928 fut une manifestation vraiment nationale !

Elle fut nationale à cause du nombre de participants; elle le fut surtout à cause de la qualité de la plupart d'entre eux. Il ne s'agit pas de diminuer ici le mérite des organisateurs qui assumèrent la lourde tâche de mettre sur pied des manifestations plus ou moins retentissantes, à Paris et dans les grandes villes. Mais, du seul point de vue sentimental, avec quelle tendresse ne faut-il pas saluer la petite société d'anciens coloniaux qui, un beau jour du 10 au 17 juin, dans un modeste chef-lieu de canton, s'est réunie en présence de l'affiche artistique de la *Semaine Coloniale*, a tenu une séance symbolique de solidarité coloniale, qu'elle a terminée par un pèlerinage au monument voisin des morts pour la patrie, parmi lesquels figurent de nombreux coloniaux qui avaient, ce jour-là, le privilège du souvenir officiel !

La Fédération Nationale des Anciens Coloniaux

A ce titre, la coopération de la Fédération Nationale des Anciens Coloniaux fut particulièrement précieuse.

Plusieurs des importantes manifestations régionales, qui sont décrites dans la suite de la présente brochure, furent organisées par des Sociétés d'anciens coloniaux affiliées à la Fédération. Certaines, qui n'avaient ni le temps, ni les moyens de tenter une manifestation en règle, voulurent faire au moins la manifestation symbolique visée ci-dessus, ou une manifestation analogue. L'une d'elles, une société du Maroc, prévenue trop tard pour organiser la *Semaine Coloniale* de Casablanca, aurait voulu compenser son abstention par une coopération pécuniaire à ce qui se ferait ailleurs...

Tant il est vrai que la fraternité coloniale n'est pas un vain mot ! Que la Fédération veuille bien trouver ici l'expression de la reconnaissance du Comité National.

Le Petit Parisien

La même reconnaissance s'adresse aussi à une autre coopération, dont le rôle fut capital, celle du *Petit Parisien*.

Ce grand organe, dont la part est si grande dans notre vie nationale, comprit la portée de l'œuvre entreprise par le Comité National et offrit généreusement de la rendre possible, dès cette année, dans toute son ampleur, en avançant les fonds destinés à la réaliser à Paris, dans sa forme populaire.

Une part décisive du succès obtenu revient ainsi au *Petit Parisien* : c'est pour le Comité National un devoir agréable de le proclamer ici, en lui exprimant, à lui aussi, toute sa reconnaissance.

Contributions financières

Les Grandes Compagnies de Navigation, les Grands Etablissements Financiers, Industriels et Commerciaux, qui avaient accordé, l'année dernière à la *Semaine Coloniale* une généreuse contribution financière, voulurent bien la renouveler cette année, montrant par là qu'ils entendaient s'associer à la pérennité de sa propagande.

Les Grandes Compagnies de Chemins de fer s'inscrivirent également au nombre des protecteurs de la Semaine, montrant par là qu'elles appréciaient les résultats économiques à espérer d'une propagande visant, avant tout, à intensifier le mouvement commercial entre la Métropole et les Colonies.

II

LA SEMAINE COLONIALE A PARIS

Ce qui donne à la Semaine parisienne de cette année son caractère définitif, ce sont les trois manifestations constituées par la séance de la Sorbonne, le lundi 11 juin, puis par les réceptions du Comité National à la Chambre de Commerce et à l'Hôtel de Ville, les 13 et 15 juin suivants.

Ces trois événements, complétés par le programme quotidien de diffusion radiophonique, auraient suffi à constituer la *Semaine Coloniale* de Paris et de la Région parisienne.

Mais un tel programme aurait eu l'inconvénient de laisser en dehors la masse de la population parisienne, les travailleurs de toute sorte, qui n'ont ni le temps ni le goût de lire ou d'entendre les conférences, le Français moyen, en un mot, dont l'attention est sollicitée par tant d'objets divers.

C'est à l'intention de ce Français moyen que fut organisée la fête populaire du Palais-Royal où, sous une forme simple et familière, dépourvue de toute prétention, était évoquée l'idée coloniale.

Et comme l'idée bienfaisante ne saurait être absente de toute œuvre française, les Dames Patronnesses de la *Semaine Coloniale* eurent la pensée généreuse d'organiser, dans les jardins du Palais Royal, une vente de charité bien coloniale, puisque tous les objets mis en vente venaient directement des Colonies.

LA CÉRÉMONIE DE LA SORBONNE

La cérémonie de la Sorbonne domine toute la manifestation. Elle en a constitué l'inauguration pathétique et solennelle, par l'évocation si vivante qu'a su réaliser M. Gabriel HANOTAUX de l'effort français, dont nous applaudissons aujourd'hui les effets merveilleux.

C'est précisément à l'intention des créateurs de l'empire colonial français que le Comité National avait conçu la cérémonie de la Sorbonne, évocation de leurs travaux, de leurs peines et de leurs gloires. Dans cette œuvre grandiose de création, les explorateurs comme René CAILLIÉ et BRAZZA, les soldats comme FAIDHERBE et GALLIÉNI, les hommes d'Etat, comme Jules FERRY, etc., etc..., ont chacun leur part décisive qui se complète et s'enchaîne. Il était juste d'en présenter un tableau d'ensemble où ces travaux seraient associés indissolublement, comme ils le furent dans la réalité.

Pour donner à cette évocation toute son autorité, le Comité National avait demandé au Chef de l'Etat d'honorer de sa présence la cérémonie de la Sorbonne. Malgré les nombreuses occupations du moment, M. Gaston DOUMERGUE, voulut bien distraire une heure de son temps pour une cause qui lui est particulièrement chère, et dont il fut, lui aussi, un des pionniers les plus avertis. Que cette précieuse marque de bienveillance veuille bien trouver ici l'expression de la profonde reconnaissance de tous les coloniaux.

Cette reconnaissance s'adresse également à M. Léon PERRIER, Ministre des Colonies, qui avait bien voulu accepter la présidence de la cérémonie. M. Léon PERRIER a mérité d'être appelé le Ministre de la Propagande Coloniale. A ce titre, la *Semaine Coloniale*, dont l'action est associée si exactement à celle des Comités régionaux de propagande créés par M. Léon PERRIER, a conscience de mériter la marque de bienveillance que le Ministre voulut bien lui donner par sa présence à la Sorbonne, et surtout par les paroles décisives qu'il y fit entendre.

Allocution de M. Alcide Delmont
Président du Comité National de la *Semaine Coloniale*

La séance débuta par une allocution de M. Alcide Delmont, Député de la Martinique, Président du Comité National de la *Semaine Coloniale*, a qui revenait l'honneur de saluer le Chef de l'Etat et de rappeler les buts de la *Semaine Coloniale*.

Voici l'allocution de M. Alcide Delmont :

Monsieur le Président,
Mesdames, Messieurs,

C'est à Paris, dans ce foyer de haute intellectualité, d'énergie créatrice, dans cette salle même, cette Sorbonne où le génie français tant de fois s'est manifesté, qu'il convenait d'exprimer l'idée profonde où la *Semaine Coloniale* a puisé son principe et sa vie.

C'est ici, dans ce « pomoerium » de la Patrie, dans cette enceinte sacrée de la connaissance et de la pensée, que devait être entendue cette affirmation en quelque sorte solennelle, qui explique et justifie l'initiative d'une *Semaine Coloniale* : « La France de 1928 est une Patrie nouvelle, mondiale, une Nation universelle, dont le territoire, fait de vieilles provinces, comme des plus neuves régions du monde, règle au rythme d'une même destinée, l'effort de 100 millions d'hommes sur 11 millions de kilomètres carrés ».

A cette formation d'une Patrie nouvelle, pouvons-nous affirmer que répond dans la Nation une unanime conscience ?

Pouvons-nous dire que tout Français se sent, se sait exactement le fils, le continuateur de ceux qui lui ont donné cette Patrie. Pouvons-nous dire que nous sommes tous résolus à travailler à sa grandeur, à sa prospérité suprême, à réaliser cette grande famille de races associées que désormais notre Nation rassemble et qu'elle doit fondre ?

C'est en répondant à ces questions par la négative que s'est institué, en 1927, le Comité National de la Semaine, pénétré de la nécessité de rendre populaire l'œuvre coloniale française, de faire apprécier les ressources considérables aussi bien matérielles que politiques et sociales, offertes à l'essor de la Patrie par son territoire continental et d'outre-mer, de susciter le lien moral durable, nécessaire, entre ces populations de toutes races, de toutes professions, de toutes couleurs, d'unir en un mot les Français de France et les Français d'outre-mer.

Pour réaliser ce vaste dessein, il n'était pas trop de convier tous les chefs de file dans tous les domaines de l'activité française, dans l'art, la science, la politique, l'industrie, la finance, le commerce.

A l'appel de l'Institut Colonial Français, la grande Association d'utilité publique, présidée par l'amiral Lacaze, l'éminent Ministre de la Marine pendant la guerre, toutes ces élites ont répondu — l'union sacrée s'est reformée dans le Comité National de la *Semaine Coloniale*, où les Associations elles-mêmes les plus dévouées à la cause coloniale, l'Académie des Sciences Coloniales, la Ligue Maritime et Coloniale, l'Union Coloniale n'ont pas manqué d'apporter le même commun idéal.

Et dès sa fondation, ce Comité recevait l'insigne d'approbation des Pouvoirs Publics; le haut patronage de M. le Président de la République, des Présidents de la Chambre et du Sénat, du Président du Conseil et des Membres du Gouvernement.

Car les Pouvoirs Publics l'avaient bien compris aussitôt, comme nos plus éminents dirigeants, la France ne pouvait moins faire que ses deux voisines et amies, la Belgique et l'Italie, dont les « journées coloniales » ont depuis des années le plus heureux effet sur l'expansion extérieure.

Ainsi, depuis l'an dernier, la France a sa *Semaine Coloniale*, à laquelle elle donnera de plus en plus l'ampleur qu'il sied de proportionner à son œuvre immense, à son haut effort civilisateur outre-mer.

C'est donc ce soir, au nom du Comité National, que j'appelle ici à une unanime pensée d'admiration et de confiance dans l'œuvre coloniale de la République, la Nation toute entière, et que je salue et remercie son Chef éminent et respecté, Monsieur le Président de la République, dont la présence honore et encourage d'autant plus notre œuvre, qu'il a lui-même l'exacte notion de notre puissance coloniale, pour avoir dès ses débuts servi la France aux Colonies.

C'est au nom du Comité National que je l'assure de l'attachement à ses institutions et à ses lois de cette grande puissance mondiale que forme la Patrie une et indivisible, Métropole et Colonies.

Le Pays tout entier, Messieurs, saura que le Président de la République a tenu à se placer à notre tête pour cette manifestation solennelle, il saura que Paris s'est réuni autour de lui, et les cérémonies, les fêtes qui vont se dérouler au cours de cette Semaine dans nos centres et nos régions les plus lointaines en recevront la plus heureuse impulsion, le meilleur gage d'une communion étroite de pensée et de cœur.

Partout, en effet, comme à Paris, dans nos chères provinces recouvrées, à Metz par exemple, comme dans notre Bretagne, à Rennes, comme dans notre Provence, à Marseille, comme dans notre prolongement méditerranéen, à Alger, dans notre Afrique ou notre Asie, à Dakar, à Hanoï, la *Semaine Coloniale* va porter l'idée de la plus grande France.

Et ainsi, peu à peu, cette fête coloniale deviendra la fête nationale par excellence, celle de la France totale, comme disait M. Albert SARRAUT, de cette Patrie mondiale enfin que nous sommes.

Chaque année, nous commémorerons notre épopée coloniale, nos découvreurs de mondes Partout où les Français vivent, peinent et prospèrent, partout où ils ont forgé des Patries mineures, ils fraterniseront en célébrant nos grands colonisateurs, les artisans de notre grandeur mondiale, ils resserreront entre eux les relations intellctuelles et économiques dont l'avenir de la Nation dépend.

Et d'année en année, reliée sous tous les cieux par une commune pensée de reconnaissance envers ces héros, ces artisans et ces colons, notre Nation en viendra à trouver dans cette *Semaine Coloniale* la fête d'une famille vraiment puissante parmi toutes les grandes familles d'humanité. Car, de toutes les races associées à son immense, à son incessant effort de civilisation, la France aura su fondre, avec son magnifique génie assimilateur, une race unique, innombrable, souveraine dans la prospérité et dans la paix.

Discours de M. Gabriel Hanotaux, de l'Académie Française

M. Gabriel HANOTAUX devait faire entendre ensuite les pages magnifiques qu'il avait écrites spécialement à l'intention de la *Semaine Coloniale*. Il en fut empêché par la maladie, et dut prier l'Amiral LACAZE de les lire à sa place.

Ces pages émouvantes ont paru dans la *Revue de Paris*, sous le titre *L'Œuvre Coloniale de la 3e République*.

Plus que personne, l'historien Richelieu était qualifié pour suivre l'idée coloniale à travers les phases si diverses de la vie française. Car l'effort colonial est contemporain de l'unité française même. Telle était la vitalité de notre civilisation qu'elle se prit à déborder, impatiente, sur le monde extérieur, dès qu l'œuvre de l'unité nationale fut assurée.

C'est ainsi que le Français, qui n'est pas colonisateur, comme chacun sait, colonisa pourtant le premier les Indes, le Canada, la Louisiane, etc... Et telle fut la qualité de sa colonisation que nul pays au monde n'est plus attaché à ses origines françaises que le Canada, par exemple, l'une des perles de l'empire colonial britannique.

Les convulsions de la fin du XVIIIe siècle et des premières années du XIXe laissent au second plan l'idée coloniale. Mais à peine le calme est-il revenu que s'affirme la grande mission colonisatrice du XIXe siècle avec l'occupation d'Alger (1830).

La colonisation de l'Afrique du Nord, restée en dehors de la civilisation occidentale depuis la chute de l'empire romain, est une épopée d'un demi-siècle, au cours de laquelle s'affirment toutes les vertus des deux races, alors opposées, aujourd'hui étroitement unies sous le drapeau de la plus civilisée.

L'Afrique du Nord devait prendre sa physionomie définitive beaucoup plus tard, avec l'occupation de la Tunisie et du Maroc, désirée de part et d'autres, réalisée à peu près sans douleur, tant l'ascendant de la civilisation française était devenu irrésistible.

En attendant, l'œuvre de pénétration nécessaire orientait inévitablement les esprits vers cette Afrique inconnue, dont les premiers explorateurs avaient à peine effleuré le mystère. Là aussi, la clairvoyance méthodique du Gouvernement de la République, servie par l'habileté et l'activité audacieuse de pionniers incomparables, devait venir à bout du climat, des éléments, de la barbarie.

Il y a un siècle, René CAILLIÉ entrait à Tombouctou la mystérieuse ; en ce moment même, on commémore cette entrée dans la ville de Niort, sa ville natale. Or, Tombouctou est aujourd'hui le chef-lieu d'un gouvernement, comme un autre, de cette Afrique Occidentale que le rail réunira demain à l'Afrique du Nord, en attendant qu'il plonge hardiment jusqu'à l'Afrique Equatoriale et au Congo.

L'œuvre africaine eût été incomplète, si elle nous avait détourné du reste du monde. Mais le même homme d'Etat qui nous donnait la Tunisie, nous préparait le Tonkin. Et bientôt, ses élèves assuraient définitivement les droits de la France sur toute l'Indochine, et sur Madagascar, le grand continent équatorial de l'Océan Indien.

L'Indochine, Madagascar, l'Afrique de la Méditerranée au Congo, groupées autour des anciennes colonies, témoins de notre puissance coloniale d'autrefois, ne sont-ce pas là les éléments les plus précieux d'un empire pacifiquement uni autour de la Mère-Patrie ? Et cette figure émouvante se caractérisait merveilleusement, à la Sorbonne, dans ces groupes gracieux, répartis derrière le Ministre des Colonies, où les jeunes filles antillaises, annamites, malgaches, etc..., apparaissaient encadrées entre des groupes de jeunes filles alsaciennes, franc-comtoises, bretonnes, etc..., venues là, non pour faire figure de colonies, inutile de le dire, mais pour marquer l'accueil de la Patrie éternelle aux enfants nouveaux venus dans la grande famille française.

Allocution de M. Léon Perrier, Ministre des Colonies

M. Léon PERRIER, ministre des Colonies, prit enfin la parole et prononça l'allocution suivante, dont tout commentaire affaiblirait la portée.

MONSIEUR LE PRÉSIDENT DE LA RÉPUBLIQUE,
MESSIEURS, MESDAMES,

Mes premières paroles seront pour féliciter chaudement les organisateurs de la *Semaine Coloniale*, dont le succès s'annonce brillant.

Votre présence au milieu de tous, Monsieur le Président, au début de cette semaine de propagande coloniale, a pour tous ceux qui nous entourent, elle aura pour le pays, une grande et solennelle signification.

On a eu raison de rappeler que les coloniaux c'étaient, à l'origine, quelques explorateurs et quelques soldats qui s'en allaient à travers le monde, vivre en des terres ignorées une vie d'énergie, de fatigue et d'action.

Ils ont vécu, civils et militaires, jusqu'à la fin du XIXe siècle, presque au milieu de l'hostilité. Les hommes de ma génération et, plus encore, ceux de la génération qui l'a précédée, ont vu de quelle impopularité durable fut récompensé un des fondateurs de la République, le grand Français, l'admirable éducateur du peuple, Jules Ferry, qui avait deviné l'importance capitale des colonies et qui avait donné à la France, presque malgré elle, la Tunisie en Afrique, le Tonkin en Asie.

Ainsi donc, durant de longues années, les colonies ont été ignorées, presque autant du Parlement que de l'opinion. Depuis, elles se sont lentement, mais irrésistiblement imposées à cette opinion publique. Ce fut l'œuvre de quelques hommes, comme vous, Monsieur le Président, vétérans de l'idée coloniale, dont certains sont à nos côtés aujourd'hui et ces hommes ont, par leur action féconde dans les terres lointaines, par la presse, par la parole, poursuivi leurs efforts persévérants pour enseigner aux Français l'importance des colonies, la grandeur et la nécessité de l'œuvre coloniale.

Grâce à ces coloniaux, apôtres de l'idée coloniale, l'opinion publique sait qu'il y a dans toutes nos colonies des hommes d'action et de labeur qui travaillent et produisent à la fois pour le progrès matériel et pour la grandeur de la France et du nom Français.

Certes, il ne s'agit plus de percer les arcanes des terres et des mers lointaines, ni de batailler contre la barbarie, ni de libérer de l'esclavage des masses d'humanité ruinées par des maladies inexorables, décimées par des guerres continuelles et tyranniques.

Sous la poussée du progrès, le problème colonial a changé d'aspect. Mais la tâche qui nous attend est non moins noble et non moins belle.

Notre pays a pris sous sa tutelle plus de soixante millions d'hommes que nous avons le devoir de guider vers le mieux-être et d'amener vers la civilisation. Il administre des territoires repésentant des millions et des millions de kilomètres carrés en grande partie incultes et abandonnés.

La *Semaine Coloniale*, qui va se dérouler, a pour but de dire hautement ces choses et d'affirmer une fois de plus que la prospérité de la France est étroitement solidaire de la mise en valeur de notre domaine colonial.

Pour constituer l'antique richesse de la France, il faut produire et vendre. Les colonies offrent à l'activité agricole, industrielle et commerciale de tous les Français leurs immenses ressources matérielles qui, mises en valeur par notre travail et notre intelligence, enrichiront notre peuple.

Les colonies, il faut le dire et le répéter, pour qu'il n'y ait pas un seul Français qui l'ignore, font désormais partie de l'Unité française, et grand est le rôle qu'elles ont à jouer dans l'avenir de notre pays.

La guerre nous a révélé cette France nouvelle que la métropole soupçonnait à peine. Pour défendre le territoire envahi, des hommes sont venus de l'Asie et de l'Afrique, de Madagascar et des Antilles, des hommes qui sentaient obscurément, mais profondément leur solidarité avec les hommes de France dans les jours de deuils et d'angoisse. Et ils ont pris leur part de douleur et de sacrifice.

Dans les œuvres de paix, disons-le, toujours, les colonies peuvent et doivent aujourd'hui prendre leur part.

C'est notre rôle à tous de parler et d'agir pour que cette vérité salutaire s'impose peu à peu dans tous les esprits et détermine les vocations et les initiatives fécondes. A travers le vaste monde, il y a des territoires et des hommes qui nous attendent, des hommes auxquels nous donnerons, par le travail et par la paix, une vie plus digne de leur caractère sacré d'êtres humains : des territoires dont nous tirerons, pour le bien-être de leurs habitants et pour la récompense des hommes d'action, des richesses nouvelles qui feront le relèvement de la France. Il n'y faut que de l'initiative, de la vigueur et du travail. A convaincre les hommes de France de ces vérités salutaires, il n'est pas superflu que nous employions toute notre énergie.

Cette belle tâche d'efforts au-delà des mers, de propagande dans la métropole, cette tâche d'aujourd'hui et de demain, le ministre des Colonies la suit avec ferveur.

Le succès de l'Idée Coloniale

Le grand amphithéâtre de la Sorbonne était bondé. 2.500 auditeurs étaient massés sur les gradins ; 500 au moins n'avaient pu trouver place à l'intérieur. Quelle meilleure preuve que l'Idée Coloniale est en marche : plus de 3.000 Parisiens sont venus, un soir, entendre parler des colonies !

Et l'aspect de cette salle superbe disait assez l'intérêt que cet auditoire vibrant prenait aux paroles qu'on lui faisait entendre. Les applaudissements, les acclamations soulignaient les idées et les noms avec un merveilleux à-propos. Le nom du général GOURAUD, l'éminent Gouverneur militaire de Paris, — un grand colonial — fut acclamé d'une façon particulièrement chaleureuse.

La soirée se termina par la présentation du film de la Croisière Noire, qui clôturait cette évocation de nos gloires coloniales par la présentation vivante de l'une des plus hardies et des plus féconds, certes, de nos grandes entreprises africaines.

LA RÉCEPTION DE LA CHAMBRE DE COMMERCE

L'œuvre de propagande coloniale du Comité National, en s'efforçant de vulgariser la connaissance de nos colonies, de leurs ressources, de leurs possibilités, doit avoir pour premier résultat une influence bienfaisante dans le domaine économique, au moment où le relèvement de notre pays, après les épreuves de la guerre, est la préoccupation première de tous les Français.

Le programme, dont s'inspirent toutes les manifestations de la *Semaine Coloniale*, se caractérise, en conséquence, par l'intégration de la vie coloniale dans la vie nationale, sur le terrain économique, dans la paix, comme sur les champs de bataille, dans la guerre.

Et c'est là ce qui rend si précieuse l'adhésion donnée spontanément par la Chambre de Commerce de Paris à l'œuvre économique incluse dans le programme général du Comité National de la *Semaine Coloniale*. La réception du 13 juin fut plus qu'un mouvement de courtoisie ; elle fut un geste de méthode et de raison.

De même que le Ministre des Colonies avait dit : «... les colonies françaises font désormais partie intégrante de l'unité française... », de même le Président de la Chambre de Commerce de Paris peut dire que sa compagnie était heureuse d'entrer en contact avec le Comité National, pour étudier avec lui les moyens pratiques de réaliser dans les affaires un programme de solidarité nationale affirmé par le Gouvernement.

Sur le champ, un premier point de travail fut envisagé, celui de l'enseignement technique colonial, base nécessaire de ce développement économique qui fait l'objet de tous les vœux. Les paroles sont à peine terminées que les actes commencent ; c'est bien là l'indice d'une ère nouvelle.

RÉCEPTION A L'HOTEL DE VILLE

La séance solennelle en Sorbonne, évocation glorieuse d'un grand passé, dont le présent doit tirer les résultats, constituait la préface nécessaire à la *Semaine Coloniale*.

La réception de la Chambre de Commerce précisait, dans la propagande du Comité National, le caractère économique qui doit lui assurer une si profonde efficacité nationale.

Il appartenait à la ville de Paris d'en prononcer la conclusion, par une cérémonie d'une portée nationale, non moins significative.

Sur une intervention de M. Paul Fleurot, le distingué Président du Comité d'action de Paris et de la Région Parisienne, il fut décidé que le Comité National de la *Semaine Coloniale* serait reçu à l'Hôtel de Ville, le vendredi 15 juin.

En recevant, au jour dit, le Comité National, le Conseil Municipal de Paris ne faisait donc pas simplement un de ces gestes de haute courtoisie, dont il a la pratique élégante. Le Président, dans son allocution, tint à déclarer que Paris, en recevant la *Semaine Coloniale*, entendait se déclarer solidaire du programme du Comité National, prêt à le seconder, dans la mesure de ses moyens.

Paris se déclare, par la voix de ses élus, la capitale de la France entière, de cette France immense, qui a douze millions de kilomètres carrés et cent millions d'habitants, sur le territoire de laquelle le soleil ne se couche jamais. La grande capitale a mesuré les responsabilités, comme les gloires de cette fière affirmation.

Le Général Messimy, sénateur, ancien Ministre de la Guerre et des Colonies, qui présidait, ce jour là, le Comité National, en l'absence de M. Alcide Delmont, son Président actif, le Général Messimy, avec l'autorité qui s'attache à sa personne, autant qu'aux hautes fonctions dont il a été revêtu dans la République, put répondre que la France entière, dans la pleine conscience de ses destinées nouvelles, prenait acte que Paris était nécessairement le flambeau qui devait éclairer sa marche vers ces destinées.

Après que les personnalités présentes eurent apposé leurs signatures sur le Livre d'or de la Ville de Paris, les discours suivants ont été prononcés :

Discours de M. de Fontenay, Vice-Président du Conseil Municipal.

Messieurs,

En rendant aujourd'hui une visite spéciale à la Municipalité de Paris, le Comité National de la *Semaine Coloniale française* n'accomplit pas seulement un geste de courtoisie auquel nous sommes profondément sensibles, il ajoute encore aux liens d'amitié déjà anciens qui nous unissent à maintes personnalités de votre groupement, la haute affirmation de la solidarité la plus complète entre les colonies et notre ville.

Vous représentez l'une des plus belles traditions de la France. Depuis que nos rois ont constitué l'unité de notre chère patrie, leur préoccupation constante, celle de tous les gouvernements qui se sont succédés, a été de porter au loin le renom de la France, de lui assurer des débouchés pour son commerce, de se procurer les matières premières, les produits que notre sol ne nous donne pas ; et bientôt sonnera le centenaire du début de l'une de nos plus belles œuvres colonisatrices : la prise d'Alger, par la marine de Charles X, œuvre magnifique continuée par Louis-Philippe, Napoléon III et reprise si heureusement sur une belle échelle par notre IIIe République. (*Applaudissements.*)

Vous avez estimé que, dans des manifestations organisées pour célébrer la plus grande France, une place devait être réservée à la Capitale, destinée à jouer le rôle de métropole au-delà des mers comme sur le vieux continent.

Votre aimable intention, dont nous comprenons tout le sens, nous apporte à la fois un honneur et un devoir.

En même temps que nous vous remercions de votre précieux témoignage de sympathie, nous tenons à prendre, en votre présence, un engagement : celui de collaborer avec tous nos moyens à l'œuvre que vous servez avec tant d'efficacité.

Puisque, à l'heure actuelle, il n'est peut-être pas de tâche plus urgente pour encourager le développement de nos possessions lointaines que de les faire mieux connaître et d'éveiller autour d'elles l'intérêt des masses, Paris a conscience d'être en mesure de travailler utilement avec vous.

Son prestige et son autorité vous sont acquis. Son labeur effectif ne vous manquera pas.

S'il s'étend essentiellement dans le domaine des idées et des connaissances, notre effort commun a le devoir de chercher aussi les résultats précis et positifs.

L'ordre et l'éclat des démonstrations préparées par vos soins en sont des preuves certaines.

Pour notre part, également épris de réalisation, nous sommes heureux de nous associer aujourd'hui à votre action.

Demain, vous le savez, nous agirons selon un programme maintenu en étroite liaison avec le vôtre.

Dans les annales de Paris, les grandes expositions internationales ont toujours marqué des dates importantes et traduit les aspirations de l'époque.

S'il était nécessaire d'insister sur l'analogie de vos préoccupations et des nôtres, il suffirait d'indiquer que la prochaine de ces manifestations universelles sera consacrée aux colonies ; et je suis heureux de nommer tout particulièrement celui qui en est l'organisateur, qui en sera l'âme, le grand Français, l'homme éminent, le gouverneur remarquable qui a donné le Maroc à la France, j'ai nommé le Maréchal Lyautey. Déjà la Cité se passionne pour le spectacle somptueux dont elle sera le théâtre. Déjà il est permis d'en attendre un triomphe pour l'idée coloniale. (*Applaudissements.*)

Quel que doive être pourtant le retentissement de ces vastes entreprises, nous n'oublierons pas qu'une propagande continue leur est indispensable, que, seule, elle est capable de prolonger leurs conséquences fécondes, qu'il est utile d'insuffler à la jeunesse le souffle colonial, de lui montrer sans cesse les avantages de la vie coloniale.

Tel est, Messieurs, le but que vous vous êtes assigné. Votre mission vous vaut notre profonde gratitude. Elle justifie, enfin, les espérances conçues jadis par des individualités d'élite, explorateurs, pionniers et colons. Elle nous garantit que leur tâche civilisatrice aura désormais pour caution, pour continuatrice et pour gardienne l'unanimité du peuple français, reconnaissant de la magnifique part prise aux combats de la Grande Guerre par les indigènes de nos colonies, averti par vos soins des conditions essentielles de la prospérité nationale et résolu de les réaliser pour le bien-être et la gloire de la Patrie. (*Applaudissements prolongés.*)

Discours de M. Grimaud, Directeur des Affaires départementales de la Préfecture de la Seine.

Messieurs,

M. le Préfet dela Seine, retenu aujourd'hui par les obligations de sa charge, m'a donné mission de vous exprimer ses vifs regrets et de vous adresser les souhaits de bienvenue de l'Administration parisienne, en même temps que ses sincères félicitations.

Appeler, comme vous le faites en ce moment avec tant d'éclat et d'ingéniosité, l'attention du public français sur l'incomparable trésor de nos colonies, ce n'est pas seulement faire œuvre de bonne administration, préparer à la mise en valeur de ce beau domaine de nouveaux concours et de nouvelles ressources en tout genre; c'est vraiment offrir au pays, que parfois tant de préoccupations ou de soucis pressants absorbent, l'occasion d'un mouvement de fierté bien légitime et une raison bien forte de confiance dans ses destinées.

Ce que disent ces charmantes boutiques du Palais-Royal, où revit le meilleur des arts exotiques disciplinés et favorisés par la civilisation, c'est d'abord la continuité du génie colonisateur de la France, qui, le long des siècles, à travers des péripéties et des revers souvent graves, n'a cessé de s'affirmer de la façon la plus brillante, et a reconstitué dix fois par son indomptable énergie ce que de redoutables crises de notre histoire nous faisaient perdre parfois. (*Applaudissements.*)

A la dernière, à la plus féconde, la plus grande de ces étapes, la IIIe République a attaché son nom. De quel éclat ne brilleront pas dans l'histoire ces trente années si pleines qui, donnant à la France la Tunisie, l'Indochine, le Soudan, le Congo, Madagascar et le Maroc, ont fait d'elle la seconde puissance coloniale du monde.

Au même titre qu'un gage de puissance matérielle, le domaine colonial français reste aussi un immortel témoignage d'héroïsme, de vigueur morale et de science.

C'est presque par légions que se comptent les pionniers audacieux, savants, militaires et marins qui, par leur hardiesse, leur endurance, leur patriotisme, ont ajouté aux fastes du nom français une page magnifique.

Le récit de ces épopées qui ont pour théâtre les continents les plus mystérieux, et pour ressort les plus nobles mobiles de l'esprit humain, n'a pas fini sans doute d'enflammer les imaginations et de préparer, par l'émulation, de bons serviteurs à la patrie.

Aujourd'hui que la France a fortement constitué son organisme colonial, il convient de s'appliquer de plus en plus à lui procurer la récompense de ses sacrifices et de ses efforts. Une de ces récompenses, la plus belle, la plus douce à son cœur, sans doute, elle l'a reçue de la Grande Guerre, quand elle a trouvé, parmi ses fils et ses administrés d'outre-mer tant de défenseurs accourant à son appel.

Mais dans l'œuvre réparatrice et bienfaisante de la paix, le concours colonial est plus important peut-être encore. Il permettra, pour le plus grand bienfait des colonies elles-mêmes, de régulariser davantage encore une situation économique de jour en jour plus prospère, d'accroître l'indépendance de nos marchés par l'aide réciproque de la métropole et de ses terres lointaines.

C'est le grand mérite de la *Semaine Coloniale Française* de montrer à tous l'étendue et le charme profond de pareils rapprochemnts. Ce n'est pas un souhait, c'est une certitude qu'on exprime, quand on prédit à ses efforts le plus complet et le plus légitime succès. (*Applaudissements prolongés.*)

Allocution de M. Paul Fleurot, Conseiller Municipal

Monsieur le Président,
Monsieur le Préfet,
Mesdames,
Messieurs,

Les organisateurs de la *Semaine Coloniale* ont pensé qu'il ne pouvait y avoir, pour leur manifestation, de consécration meilleure qu'une réception à la Maison commune des Parisiens.

Cette année, la *Semaine Coloniale* a remporté un succès complet grâce au dévouement de toutes les personnalités présentes : M. le Général Messimy; M. Trochon, Maître des requêtes au Conseil d'État, qui fut le distingué Commissaire Général de la *Semaine Coloniale* ; M. le Général Génie, qui en fut le secrétaire Général; Mme Dal Piaz, qui a présidé avec tant de compétence et de tact le Comité Féminin ; et j'en oublie certainement qui méritaient d'être salués et félicités ici.

Je les remercie d'avoir bien voulu, depuis une année déjà, m'associer à leurs efforts en qualité de Président du Comité de la région parisienne.

Grâce aux manifestations de cette nature, on parviendra à faire mieux connaître aux Parisiens et à tous les Français le domaine colonial dont nous avons le droit d'être fiers ; ce domaine d'une richesse incomparable qui est désormais le prolongement de la France.

J'étais chargé, Monsieur le Président et Monsieur le Préfet, de vous adresser des remerciements au nom du Comité. Mais je suis trop de la maison pour pouvoir remercier la Ville de Paris comme elle doit l'être. Je laisse ce soin à mon ami, M. le Général Messimy, ancien Ministre des Colonies, qui est plus qualifié que moi et qui vous dira toute la reconnaissance des organisateurs de la *Semaine Coloniale*. (*Applaudissements prolongés.*)

Discours de M. le Général Messimy, ancien Ministre de la Guerre, ancien Ministre des Colonies

Monsieur le Président,
Mesdames,
Messieurs,

L'absence de M. Alcide Delmont me vaut l'honneur de présenter à la Municipalité parisienne, qui veut bien nous accueillir, le Comité de la *Semaine Coloniale.*

A la vérité, quoique vous vous en défendiez, mon cher Fleurot, vous auriez eu doublement qualité pour remplir le rôle que j'assume en ce moment : personne à la *Semaine Coloniale* ne peut oublier celui que vous avez joué comme Président du Comité de la région parisienne; comme Président du Comité supérieur de l'Exposition coloniale, je ne puis oublier non plus l'aide efficace et infiniment utile que vous nous apportez chaque jour pour résoudre les difficultés multiples qui surgissent inévitablement entre le Commissariat général de l'Exposition et la Ville de Paris.

Je vous remercie, Monsieur le Président, et je remercie en votre personne la Municipalité parisienne, d'accueillir pour la première fois aujourd'hui les représentants de la *Semaine* Coloniale.

Il faut affirmer, et ne jamais négliger une occasion de le redire, que jamais la propagande coloniale ne sera assez active dans notre pays. (*Applaudissements.*)

Certes, après bien des années d'ignorance et d'opposition, l'idée coloniale commence à pénétrer les élites. Mais, hélas ! que savent-elles ? Elles savent que, pendant la guerre, des soldats, noirs, jaunes, bruns, ont traversé Paris, que d'aucuns, a la fin d'août 1914, ont même joué un rôle prépondérant pour la défense de la capitale. Mais on se représente les colonies de façon simpliste, comme des pays peuplés de nègres, de Chinois, où il y a des palmiers, des mousmées, où il y a la fièvre jaune, des moustiques, le paludisme ; c'est à peu près tout.

Quant à l'attachement de la masse des Français à l'idée coloniale, certes, quelques progrès ont été réalisés. Mais nous sommes encore loin, vous le disiez justement, Monsieur le Secrétaire général, de nous représenter que nous sommes la deuxième nation coloniale du monde et qu'après celui de l'Angleterre notre empire colonial est le plus important et le plus riche qui soit.

Souvenez-vous — et les coloniaux avertis qui sont devant moi ne l'ont pas oublié — que le maintien des troupes françaises à Alger, au lendemain de la prise de cette ville, a été voté en 1830 à une voix de majorité. Souvenez-vous que, si le Tonkin n'a pas été évacué, c'est aussi à une voix de majorité. C'est donc par un pur hasard — il faut appeler les choses par leur nom — que la Chambre des Députés, à deux reprises et à cinquante ans de distance, s'est prononcée en faveur du maintien de notre influence tant dans l'Afrique du Nord qu'en Indo-Chine.

Souvenez-vous que Ferry a succombé sous l'impopularité pour avoir organisé une expédition en Indo-Chine et que, pendant de longues années, on le stigmatisait du nom de « Tonkinois ».

Et, cependant, l'Afrique du Nord représente aujourd'hui le fleuron le plus magnifique de l'incomparable couronne de nos colonies. Complétée par la Tunisie, par le Maroc, l'ancienne Mauritanie, qui s'étend depuis le golfe de Gabès jusqu'aux rives de l'Atlantique, constitue une possession d'une valeur inestimable.

C'est là, pour nous, une richesse qui peut se chiffrer par centaines de milliards, une seconde France, où grandit une race nouvelle, forte, vigoureuse, énergique, formant à mon avis un des plus beaux éléments de notre nation. L'Indo-Chine ne peut certes rivaliser d'importance avec l'Inde; mais quelle magnifique source de prospérité elle constitue, en même temps qu'elle nous ouvre une large fenêtre sur le Pacifique, c'est-à-dire sur l'Océan dans lequel, probablement, au cours du XXe siècle, se joueront les destinées du monde.

Opposition à la cause coloniale! On en trouverait dans le passé des exemples multiples; mais que dire de l'ignorance des masses, j'en parlais à l'instant, mais aussi ignorance de l'élite.

Je m'honore d'avoir entrepris, il y a deux ans, une campagne pour faire pénétrer dans les écoles de l'enseignement primaire, dans les écoles de l'enseignement secondaire et dans les écoles de l'enseignement supérieur un programme minimum de connaissances coloniales, en particulier en matière de géographie et d'histoire coloniales. Cette campagne a été énergiquement menée par les hommes les plus éminents. Elle a eu, il y a quelques jours, un résultat inattendu et véritablement symptômatique :

Vers la fin du mois de mai, le Concours général a été ouvert. En Histoire, la question posée fut la conquête de l'Algérie de 1830 à 1870. Au seul énoncé de la question, les deux tiers des candidats s'en sont allés et ont abandonné le concours. Vous entendez bien, le seul fait qu'on ait donné à traiter une question coloniale détermine les deux tiers des jeunes candidats, qui constituent cependant une élite de la jeunesse universitaire, à prendre la fuite.

Ils ignoraient totalement cette question, qui a pourtant, vous le reconnaîtrez, quelque importance dans l'histoire de la France du XIXe siècle. Sans nul doute, auraient-ils préféré qu'on leur posât une question sur la querelle des Investitures ou sur les rois de France du VIIe ou VIIIe siècle. Pourtant, vous penserez, comme moi, que la conquête d'un empire colonial tel que le nôtre dans les soixante-dix ans écoulés entre 1830 et 1900 est un phénomène tel que tous les jeunes gens instruits, et qui aspirent à faire partie de l'élite intellectuelle du pays, devraient le connaître. (*Approbation.*)

L'immense mérite de ceux qui ont créé la *Semaine Coloniale*, c'est de vouloir faire pénétrer l'idée coloniale dans l'esprit de la masse des Français ; de montrer que le fait colonial est peut-être le plus important de tous, après la grande guerre de 1914-1918 ; et encore, le fait colonial entre-t-il pour une certaine part dans les causes qui ont déterminé cette guerre.

Il faut, Messieurs, que ce fait colonial pénètre tous les esprits, c'est une véritable révolution à accomplir. Cette révolution aboutira si les gens qui savent ont la ferme volonté de placer, en toutes circonstances, le fait colonial à sa propre place, — la première. Mais, quand il s'agit de révolution, est toujours à la place d'honneur la Ville de Paris.

Je n'oublie pas, Monsieur le Président et Monsieur le Syndic, que j'ai eu le très grand honneur, pendant dix ans, d'être représentant de cette ville et que, pendant dix ans, je pénétrais dans cette maison magnifique comme étant un peu chez moi, puisque j'étais député du 14e arrondissement. (*Très bien !*)

Il suffit d'évoquer les fastes de l'histoire de France pour se rendre compte que les révolutions de l'esprit public, comme les révolutions politiques, ont été accomplies par Paris, que c'est Paris qui, toujours, a entraîné derrière soi les Français, que Paris a toujours déterminé le mouvement des idées et la marche du progrès.

Je vous remercie donc, au nom de tous les coloniaux, d'avoir bien voulu accueillir si amicalement les actifs animateurs de la *Semaine* : M. le Général GÉNIE, M. TROCHON, et aussi la phalange gracieuse des dames qui veulent bien consacrer leur activité et leur dévouement au développement de l'idée coloniale. (*Applaudissements.*)

Je vous exprime, au nom de l'Institut Colonial et de la *Semaine Coloniale*, la gratitude profonde de tous les coloniaux de la Métropole.

Je vous exprime aussi la reconnaissance de tous les bons citoyens, de tous les bons Français qui, au loin, au péril de leur vie, transforment des terres incultes et arides en champs fertiles. Je crois aussi exprimer celle de tous les sujets français que nous élevons à la civilisation et dont, peu à peu, par notre action généreuse, nous faisons des hommes dignes de ce nom. (*Applaudissements prolongés.*)

Après ces discours, le concert suivant a été exécuté par la Musique du 5e Régiment d'infanterie, sous la direction de son chef, M. Barat :

1. *Marche symphonique*, J.-Ed. Barat.
2. *Marche héroïque*, Saint-Saens.
3. *Le Carnaval romain* (Ouverture), Berlioz.
4. *Les deux Pigeons* (Ballet), Messager.
   a) Entrée de Tziganes.
   b) Scène et Pas des deux Pigeons.
   c) Thème et Variations.

La réception a pris fin par la visite des Salons de l'Hôtel de Ville.

Manifestations radiotéléphoniques

M. L. Armbruster, Commissaire Général de l'Union des Grandes Associations Françaises pour l'Essor National, et Président de la Commission de propagande radiotéléphonique, qui avait déjà organisé la magnifique soirée de la Sorbonne, avait bien voulu se charger de mettre sur pied un plan de diffusion radiotéléphonique de la Semaine parisienne.

Grâce à lui, les importants discours prononcés à la Sorbonne purent être entendus partout où l'antenne est installée, c'est-à-dire jusque dans les plus humbles communes de France.

En outre, chaque jour de la Semaine, furent transmises de la même manière d'importantes communications dont l'ensemble constitue un véritable programme de documentation coloniale.

Voici le plan détaillé des manifestations radiotéléphoniques ainsi organisées par l'Union des Grandes Associations Françaises, à l'occasion de la *Semaine Coloniale* de 1928 :

Samedi 26 mai (Radio-Paris) et vendredi 1er juin (P. T. T.). — « Les prochaines manifestations coloniales », par M. Armbruster, Commissaire Général de l'Union des Grandes Associations Françaises.

Vendredi 8 juin (P. T. T.). — « La Grande Semaine Coloniale de 1928 », par M. Gheerbrandt, Directeur de l'Institut Colonial Français, Administrateur Général de la *Semaine Coloniale Française*.

Samedi 9 juin (Radio-Paris). — « L'Indochine et la Semaine Coloniale », par M. Pasquier, ancien Gouverneur Général par intérim, Directeur de l'Agence Economique de l'Indochine.

Samedi 9 juin (Tour Eiffel). — « Le Maroc pittoresque », par M. Tranin, homme de lettres.

Samedi 9 juin (P. T. T.). — « Les villes principales de l'Afrique Occidentale Française », par M. Gaston Joseph, Gouverneur des Colonies.

Dimanche 10 juin (Tour Eiffel). — « L'Aviation et les Colonies », par M. Philippar, Président du Conseil d'Administration des Messageries Maritimes.

Dimanche 10 juin (P. T. T.). — « Le redressement final de la France se fera par ses colonies », par M. Dal Piaz, Président de la Compagnie Générale Transatlantique.

Lundi 11 juin (P. T. T. et Tour Eiffel). — Transmission de la manifestation organisée dans le Grand Amphithéâtre de la Sorbonne, en présence de M. le Président de la République, sous la présidence de M. Léon Perrier, Ministre des Colonies.

Allocutions de M. Alcide Delmont, Président du Comité National de la *Semaine Coloniale*, de M. Gabriel Hanotaux, de l'Académie Française, et de M. Léon Perrier, Ministre des Colonies.

Mardi 12 juin (P. T. T.). — « Tout Français a un devoir colonial à remplir », par M. Lebrun, Vice-Président du Sénat.

Mercredi 13 juin (P. T. T.). — « Le rôle des médecins coloniaux », par le Lieutenant-Colonel GRAVELOT.

Vendredi 15 juin (P. T. T.). — « L'Exposition Coloniale Internationale de 1931 », par M. Léon CAYLA, Gouverneur des Colonies, Commissaire Général adjoint de l'Exposition Coloniale Internationale de 1931.

Samedi 16 juin (Radio-Paris). — « L'effort de la Ligue Maritime et Coloniale », par M. RANDET-SAINT, Directeur de la Ligue Maritime et Coloniale.

Samedi 16 juin (Tour Eiffel). — « L'industrie minière à Madagascar », par M. DUMAS, Directeur des Mines à Madagascar.

Dimanche 17 (Tour Eiffel). — « Contes et Fables du vieux Cambodge », par M. Emile CORDONNIER, chef de service de la presse à l'Agence Economique de l'Indochine.

Dimanche 17 juin (P. T. T.). — « Ce qu'a été la Semaine Coloniale », par M. TROCHON, Maître des requêtes au Conseil d'Etat, Commissaire Général de la *Semaine Coloniale Française*.

Émissions de Radio-Lyon au cours de la *Semaine Coloniale*

« Le caoutchouc en Indochine », par M. GOURDON, Directeur de la Section d'Indochine au Commissariat Général des Expositions.

« Fête cambodgienne à la cour du roi Sisowath », par M. R. CHAUVELOT, Membre du Conseil Supérieur des Colonies.

« Les grandes villes malgaches », par M. VEBER, Administrateur des Colonies.

« L'Académie des sciences coloniales », par M. BOURDARIE, Secrétaire perpétuel.

« L'essor de l'Afrique Occidentale Française », par M. Gaston JOSEPH, Gouverneur des Colonies.

« Le coton à Madagascar », par M. LUC, Ingénieur en chef d'agriculture coloniale.

« La prospérité de Madagascar », par M. HOLTZER, Attaché à l'Agence Economique de Madagascar.

Émissions de Radio-Toulouse au cours de la *Semaine Coloniale*

« L'Art malgache », par M. R. VEBER, Administrateur des Colonies.

« La France colonisatrice », par M. Christian SCHEFFER, Professeur à l'Ecole des Sciences Politiques.

« L'Indochine, ses richesses et ses races », par le Docteur VERNEAU, Conservateur du Musée d'Ethnographie.

« Le caoutchouc en Indochine », par M. GOURDON, Directeur de la Section d'Indochine au Commissariat Général des Exportateurs.

« L'élevage à Madagascar », par M. E. CAROUGEAU, Directeur des Services Vétérinaires à Madagascar.

« La forêt coloniale », par M. J. MORNET, Membre de l'Académie des Sciences Coloniales.

« L'essor de l'Afrique Occidentale Française », par M. Gaston JOSEPH, Gouverneur des Colonies.

La Fête du Palais-Royal

Comme il a été dit précédemment, la propagande de la *Semaine Coloniale*, qui était suffisamment caractérisée par les trois manifestations de la Sorbonne, de la Chambre de Commerce et de l'Hôtel de Ville, aurait manqué son but essentiel, si elle avait laissé en dehors les masses populaires, à qui leur vie de travail ne laisse pas le temps de lire ou d'entendre les discours les mieux faits.

Or, c'est dans la masse qu'il faut faire pénétrer la révélation de la réalité coloniale, non point en lui présentant des tableaux ou des statistiques, mais en mettant son esprit au contact de notions simples et familières, qui provoquent chez lui la curiosité de la chose coloniale.

Sans doute, une danseuse cambodgienne n'est point le Cambodge, pas plus qu'un sorcier africain n'est le Soudan. Mais la vue de la danseuse ou du sorcier évoque et fixe l'idée du Cambodge et du Soudan. Le passant amusé s'arrête, questionne, prend le goût des détails qui se rattachent au fait connu qui vient de le frapper. La réalité n'est pas devant lui ; elle est en marche.

C'est dans cet esprit que fut organisée la fête du Palais-Royal, dont la disposition avait été accordée à la *Semaine Coloniale* par le Ministre de l'Instruction publique. Dans ce cadre merveilleux, généralement désert, une vie intense fut installée pendant huit jours. Il y eut 27.529 entrées contrôlées ! Si l'on y ajoute les entrées gratuites (heures d'entrée libre, enfants des écoles, cartes diverses, etc.), on peut estimer que le Palais-Royal reçut plus de 30.000 visiteurs pendant la *Semaine Coloniale*.

Et cela aussi est un résultat. 3.000 auditeurs étaient venus à la Sorbonne ! 30.000 promeneurs vinrent au Palais-Royal. On ne peut dire vraiment que Paris se désintéresse de l'idée coloniale.

L'organisation du Palais-Royal fut réalisée d'une façon magistrale par M. Cornaton, Délégué Général aux Fêtes de la *Semaine Coloniale*, qui dépensa bénévolément pendant des semaines, la plus intelligente activité.

On a pu lui reprocher d'avoir admis, dans les jardins du Palais-Royal, quelques éléments d'un colonialisme peu authentique. C'est avec le sourire généreux qu'on lui connaît que M. Cornaton a accepté ce reproche de n'avoir pas refusé, à quelque honnête pauvre diable, l'occasion de gagner sa vie en se glissant dans l'ambiance coloniale. Et comme cette faiblesse bienfaisante fut, en somme, exceptionnelle, le Comité National fit comme son Délégué aux Fêtes : il passa en souriant.

Au reste, les plus difficiles pouvaient trouver de quoi se satisfaire.

D'une part, les Agences Coloniales, malgré l'époque un peu tardive à laquelle avait été demandé leur concours, les Agences Coloniales avaient réussi, au prix d'un grand effort, à organiser des stands intéressants et instructifs, à des titres divers. Sans doute, la documentation présentée n'était pas complète, tous les matériels d'exposition étant, à ce moment, dispersés dans toute la France. Du moins elle était authentique et agréablement présentée.

Le Syndicat de la Librairie et le Syndicat de la Presse Coloniale complétaient de la manière la plus heureuse cette documentation des Agences.

L'Exposition du Livre colonial fut une véritable révélation même pour ceux qui se croyaient au courant, tant l'inspiration coloniale s'est développée, s'est glissée partout, provoquant une floraison insoupçonnée d'œuvres documentaires ou d'imagination. Le stand de la Libraire fut l'un des plus beaux succès de la *Semaine*.

La Presse Coloniale, elle aussi, obtint le succès qu'elle mérite. Sans doute, elle est connue de tout le monde colonial, pour lequel elle est un guide si vivant et si averti. Mais le public non spécialisé était loin de se douter de la vie intense et de la documentation parfaite qui caractérisent la Presse Coloniale. Les demandes de renseignements se multipliaient, et bien des affaires semblent avoir truové, dans le stand de la Presse, le fil conducteur qu'elles cherchaient.

En face des stands, que l'on peut appeler documentaires, les stands commerciaux présentaient leurs étalages bigarrés et divers. On ne peut essayer de les nommer tous, de crainte d'en oublier, et non des moindres.

Les Grands Magasins du Louvre, non contents d'avoir organisé une vitrine coloniale, avaient installé également au Palais-Royal un stand colonial qui fut très remarqué.

La grande firme de Rhum Saint-James présentait ses produits si avantageusement connus.

Magasins de tapis, de tissus, de cuirs, de parfums, de tabacs, etc.

La partie commerciale et la partie documentaire convergeaient vers un théâtre de verdure sur lequel, chaque jour, étaient présentées des attractions diverses de goût colonial. Malgré la température généralement maussade, le théâtre fut toujours très achalandé ; certaines fêtes indigènes, la fête algérienne par exemple, la fête de nuit indochinoise et les danses cambodgiennes obtinrent un très grand succès.

Vente de charité

L'attraction principale du Palais-Royal fut certainement la vente de charité organisée par le Comité des Dames Patronnesses de la *Semaine Coloniale,* que préside Mme Dal Piaz.

Les Dames Patronnesses s'étaient réparties en groupes coloniaux, suivant leurs goûts et leurs relations. Elles avaient ainsi constitué sept équipes de vendeuses pour sept stands correspondant à chacune de nos grandes colonies et au groupe des anciennes colonies.

Les marchandises des stands furent obtenues par la bienveillante intervention des Agences Coloniales et grâce à la générosité des gouverneurs des colonies intéressées.

Le mardi 12 juin, tout était prêt, et M. Poulalion, Maire du 1er arrondissement, put procéder à l'inauguration de la Vente de Charité, en présence de S. M. l'Empereur d'Annam, venu tout exprès visiter le Palais-Royal, devenu le Palais de la *Semaine Colonale.*

Assistaient à l'inauguration, en outre des membres du Conseil de Direction et du Commissariat de la *Semaine :*

MM. Bertrand, Docteur Bethuel, Gigou de la Bedolière, Maires-adjoints du 1er arrondissement ; Taittinger, Député du 1er arrondissement, Président de la Commission des Colonies de la Chambre ; Le Menuet, Levée, Conseillers municipaux ; les Directeurs des Agences ; Ducher, Vigouroux, Grossin, Rousseau, représentant le Comité des fêtes du 1er arrondissement, ainsi que plusieurs membres de la Fédération des vingt arrondissements de Paris.

La vente, qui n'était prévue que pour un jour, dut être poursuivie toute la semaine, en raison de son succès. Les œuvres, au bénéfice desquelles elle était faite, n'auront certainement pas à s'en plaindre. Et les gracieuses vendeuses trouveront ainsi la récompense du surcroît de travail qui en est résulté pour elles.

Le Timbre de la *Semaine Coloniale*

Un article de vente, qui eut grand succès au Palais-Royal, fut le Timbre de la *Semaine,* obtenu par la réduction de la belle affiche artistique d'Emile Beaume, qui fait la couverture de la présente brochure.

Le produit utile de la vente ne fut pas considérable cette année, les frais de fabrication ayant été réglés entièrement sur cette première vente. Mais, désormais, les ventes qui auront lieu seront tout bénéfice net.

En attendant les diverses fêtes coloniales et la *Semaine* de 1929, où le timbre sera de nouveau mis en vente, les personnes qui s'intéressent à la *Semaine Coloniale* et aux œuvres qu'elle patronne pourront acheter le timbre au siège social, 4, rue Volney (2e arr.).

Grands Magasins

Comme l'année dernière, un certain nombre de Grands Magasins voulurent bien participer à la *Semaine Coloniale* en organisant des étalages de circonstances.

Nous avons déjà nommé le Louvre, qui eut un stand au Palais-Royal et une vitrine dans ses magasins. De même la Belle Jardinière, le Printemps, les Trois Quartiers, etc., eurent leur vitrine coloniale. L'une des plus réussies fut celle de la maison Corcellet, avenue de l'Opéra.

III

LA SEMAINE COLONIALE EN PROVINCE

L'organisation de la *Semaine Coloniale* à Paris n'a pas détourné l'attention du Comité National de la nécessité d'obtenir une participation de la Province aussi étendue que possible, en laissant aux divers centres leur pleine liberté d'action. Cette généralisation lui apparaissait même comme la condition essentielle du succès.

L'année dernière, la région provençale avait seule mis sur pied une véritable *Semaine Coloniale*, suite naturelle de la belle manifestation née à Marseille en 1925, et qui avait été l'origine de l'actuelle manifestation nationale. Quelques essais timides, signalés dans le compte-rendu officiel de 1927, avaient seuls été tentés, çà et là, indiquant au moins la bonne volonté, en attendant les possibilités réelles.

Cette année, le Comité National a la satisfaction d'enregistrer plusieurs manifestations comparables à celle de la région provençale, à côté desquelles un grand nombre de manifestations plus modestes, dont certaines qualifiées symboliques, disent assez que la France entière est de cœur avec lui pour affirmer le progrès de l'Idée coloniale dans notre pays.

MARSEILLE
et la Région Provençale

C'est pour la quatrième année que la *Semaine Coloniale* a été célébrée en Provence. Elle a eu, en 1928, un éclat tout particulier, à cause du concours qu'ont prêté, pour la première fois, au Comité provençal, l'Armée coloniale et la Marine nationale.

En lisant, ci-dessous, le texte intégral du programme de la *Semaine Coloniale*, on pourra aisément se rendre compte de l'étendue et de la variété des manifestations qui se sont déroulées à Marseille et dans la région provençale.

Comité Provençal de la *Semaine Coloniale*

Allée Gambetta, 40, Société de Géographie, Marseille

Programme de la Semaine Coloniale, 9-15 juin 1928

CONFERENCES

Dimanche 10 juin, à 10 heures du matin, au Majestic-Cinéma (rue Saint-Ferréol). Conférence de M. Georges Saint-Yves, explorateur, délégué général du Comité Dupleix, sur le Centenaire de la prise d'Alger, l'avenir de l'Algérie et le chemin de fer transsaharien, avec films cinématographiques.

Samedi 9, lundi 11, mardi 12, mercredi 13 et vendredi 15 juin, tournées de conférences dans les principales communes du département. Distribution de plusieurs tracts et d'affiches.

Jeudi 14 juin, à 9 heures du soir, dans l'Amphithâtre de la Faculté des Sciences (allée Gambetta, 40), conférence du médecin général L'Herminier, Directeur de l'Ecole d'Application du Service de Santé des trouples coloniales, sur « La Santé aux Colonies, les Progrès réalisés », avec films cinématographiques.

A TOULON

Le lundi 11, à 5 heures, au Grand Hôtel,

A AIX

Le mardi 12, à 5 heures, au Kursaal-Cinéma,

A ARLES

Le vendredi 15, à 5 heures, au Fémina-Cinéma,

Conférences de M. Saint-Yves sur « L'Afrique du Nord Française ».

FETES

Samedi 9 juin, à 9 heures du soir, Place Jean-Jaurès, présentation de films cinématographiques sur nos colonies, avec explications par haut-parleur.

Cette fête sera donnée avec le concours de la Musique Municipale.

Dimanche 10 juin, à 9 heures du soir, sur le même emplacement, présentation de nouveaux films avec haut-parleur.

Cette seconde fête sera donnée avec le concours d'une Musique de Marseille.

Jeudi 14 juin, de 3 à 6 heures, dans le Parc du Pharo, fête coloniale, avec participation de l'Armée (troupes coloniales indigènes), de la Marine (sous-marins et hydravions) et de la Musique du 141e d'infanterie.

VISITES

Aux bateaux sous-marins, quai des Belges, les 11, 12 et 13 juin.

Au Musée Colonial de la Faculté des Sciences (place Victor-Hugo, près de la gare Saint-Charles), le vendredi 15 juin, à 10 heures et à 15 heures.

Au Musée de l'Institut Colonial (Parc Amable-Chanot, Palais de l'Algérie), le mardi 12 juin, à 10 heures et à 15 heures.

***

Le Comité Provençal a toujours estimé que si, au cours de la *Semaine Coloniale*, il convenait de donner des fêtes pour frapper l'esprit du public et attirer son attention sur les colonies, il fallait en mêms temps l'instruire par des conférences avec films et surtout aller dans les écoles faire des causeries à la jeunesse.

Aussi a-t-on vu au programme que si trois fêtes ont été données à Marseille, il y a eu six journées consacrées aux conférences dans le département des Bouches-du-Rhône.

A Marseille, dans la matinée du dimanche 10 juin, eut lieu, dans la grande salle de Majestic-Cinéma, archi-comble ce jour là, la conférence de M. Georges Saint-Yves, explorateur, secrétaire général du Comité Dupleix, sur l'Algérie et sur le Transaharien.

En parlant de la prise d'Alger en 1830, M. Saint-Yves donna un renseignement fort peu connu. Les indiscrétions de la Presse avaient gêné les opérations militaires ; aussi le Ministre, de Polignac, dut-il faire rendre par Charles X des ordonnances restreignant la liberté de la Presse, lesquelles furent la cause de la Révolution de Juillet.

L'éminent orateur fit remarquer, à ce propos, que la conquête de l'Algérie, comme à peu près celle de toutes les colonies, s'est faite contre l'opinion, qui, après un temps plus ou moins long, a toujours fini par les ratifier.

Enfin M. Saint-Yves montre en des paroles saisissantes le grand avenir de l'Afrique du Nord, avec Alger comme capitale, le jour où grâce au Transsaharien la liaison sera faite avec le Niger.

Le conférencier, qui fut chaleureusement applaudi, présenta ensuite de superbes films sur l'Algérie. Il avait été présenté, en termes les plus choisis, par M. Georges Brenier, le très distingué Vice-Président de la Chambre de Commerce. Il fut remercié, avec beaucoup de cordialité, par M. Raymond Teisseire, le dévoué Président du Comité Provençal, qui témoigna toute la gratitude de ses collègues pour les Pouvoirs Publics, la Ville de Marseille, le Conseil Général, la Chambre de Commerce : en terminant il convia le public aux fêtes et aux conférences de la *Semaine*.

Grâce à l'amabilité de M. L'Herbier, Directeur régional des Postes et des Télégraphes, cette conférence fut radiodiffusée, ce qui donna une portée d'instruction des plus considérables.

Le jeudi 14 juin, dans le grand amphithéâtre de la Faculté des Sciences, eut lieu, devant un public des plus nombreux et des plus choisis, la conférence de M. le Médecin Général L'Herminier, l'éminent Directeur de l'Ecole d'Application du Service de Santé des Troupes Coloniales.

En parlant sur la santé dans nos colonies, qu'il connaît si bien pour y avoir très longtemps vécu, et en énumérant tous les progrès réalisés au cours de ces dernières années, l'orateur a fait la meilleure propagande qu'il soit possible de faire. Si, dans le passé, la crainte des épidémies, le défaut d'hygiène et l'absence des soins médicaux contribuaient à éloigner beaucoup de Français des colonies, aujourd'hui ces raisons n'existent plus et l'on peut y vivre, même en famille, avec autant de sécurité que dans la métropole, pourvu qu'on ne s'écarte pas des prescriptions hygiéniques recommandées.

Après un intéressant défilé de films, M. Raymond Teisseire, qui présidait la séance, félicita très vivement l'orateur des considérations pleines d'intérêt et très rassurantes qu'il venait de founir, tout en émaillant son discours d'anecdotes si spirituelles qu'à maintes reprises l'auditoire marqua son approbation par de chaleureux applaudissements.

***

Dès le samedi matin 9 juin, le Comité Provençal commença sa campagne de causeries dans les écoles de Marseille et de plusieurs communes rurales du département des Bouches-du-Rhône.

A cet effet, des autos sont mises gracieusement à la disposition des membres du Comité par plusieurs Sociétés importantes, de 7 heures du matin à 8 heures du soir. Pour ne pas perdre de temps, l'horaire de nos tournées a été envoyé préalablement à M. le Préfet et à M. l'Inspecteur d'Académie, qui préviennent les Maires et les Instituteurs et Institutrices de l'heure exacte de nos causeries.

Chaque voiture contient trois ou quatre membres du Comité, avec des ballots de tracts. A l'arrivée dans chaque commune, on se rend à l'Hôtel de Ville et aux écoles pour distribuer des tracts et faire la causerie, tantôt dans une salle de la Mairie, tantôt dans la salle d'une des écoles où se trouvent réunis filles et garçons avec leurs maîtres et maîtresses et en même temps quelques notables de la commune.

La causerie, faite par une des membres du Comité, dure une petite demi-heure. Quelquefois on nous propose d'interroger des élèves qui, parfaitement préparés comme de juste, répondent fort bien. Après quelques mots de remerciements aux Maires, Adjoints, Instituteurs et Institutrices, les membres du Comité distribuent des affiches et des tracts aux meilleurs élèves.

Le Comité Provençal ne pouvant visiter toutes les écoles chaque année a établi un roulement. Au cours de la *Semaine Coloniale* de 1928, voici quel a été son itinéraire.

Le samedi 9 juin a été consacré aux écoles de Marseille ou des villages environnants. Le matin, Saint-Henri, Saint-André, l'Estaque ; l'après-midi, La Penne, Saint-Marcel, Saint-Loup et l'Ecole Puget, en plein cœur de Marseille.

Nous donnons une photographie prise dans cette dernière école, au cours d'une causerie faite par le Président du Comité, qui explique à ses jeunes auditeurs l'aperçu graphique sur les colonies de M. Leotard, l'un des Vice-Présidents du Comité.

Le lundi 11 juin, des causeries furent faites dans plusieurs localités échelonnées le long de la Durance : Peyrolles, Puy-Sainte-Reparade, Meyragues, La Roque-d'Anthéron, Charleval.

Le mardi 12 juin et le lendemain, le Comité visita plusieurs communes du côté de l'étang de Berre : Port-de-Bouc, Fos, Istres, Miramas, Grans, Gignac, Marignanne, Vitrolles, Saint-Victoret et Berre.

Enfin, le vendredi 15 juin, les Communes de Septème, Simianne, Greasque, Fuveau et Trets reçurent la visite du Comité Provençal, à la grande satisfaction de tous.

Prirent part à ces différentes tournées un grand nombre de membres du Comité parmi lesquels furent les plus assidus : MM. Teisseire, Président; les Vice-Présidents, MM. Fouqué, Président de la Ligue Maritime et Coloniale; Gravier, Vice-Président du Syndicat d'Initiative; Pessemesse, Inspecteur d'Académie Honoraire; Leotard, Secrétaire Général de la Société de Géographie; Rigoux, ancien juge au Tribunal de Commerce; M. le Trésorier Legrand, industriel; M. le Commandant Bœuf; Colonel Chauvin; Felizas, Inspecteur primaire en retraite; M. l'Intendant Général Lallier du Coudray; Mourent, industriel; Paoli, Directeur de l'Office de Madagascar; Docteur Pozzo di Borgho; Commandant Prat; René, négociant; de Roux, industriel; Remuzat, négociant.

En dehors des conférences, un moyen d'instruction utile et attrayant fut mis tout spécialement à la disposition du public et des élèves des Lycées et des Ecoles par les visites de nos deux grands musées coloniaux; le premier appartenant à la Faculté des Sciences et le second à l'Institut Colonial de Marseille.

*
* *

Un excellent moyen de propagande en faveur des Colonies a été mis en œuvre cette année, grâce à l'initiative de notre collègue M. Carles, le distingué Directeur Régional des Foyers du Soldat.

Notre collègue a pensé avec raison qu'il était extrêmement utile de faire connaître nos colonies à tous les Français faisant leur service militaire. Leurs obligations dans les corps de troupe les empêchant de suivre les conférences et les fêtes de la *Semaine Coloniale*, il fallait leur fournir des spectacles spécialement réservés pour eux.

Grâce à l'autorisation donnée très aimablement par M. le Général Mangin, commandant le XVe Corps d'Armée, et à l'obligeance des chefs de corps, toutes les troupes cantonnées à Marseille furent autorisées à aller assister aux deux conférences avec films coloniaux qui furent faites par M. Carles.

Le mardi 12 juin, et le lendemain matin, mercredi, à dix heures du matin, au Majestic-Cinéma gracieusement mis à la disposition de nos soldats, la salle très vaste fut chaque fois archi-comble. Par leurs applaudissements répétés, nos troupiers manifestèrent toute leur satisfaction.

Des représentations spéciales furent données aux trois Foyers de Marseille et notamment à celui de l'Hôpital Michel-Lévy pour les soldats, malades, qui ne peuvent sortir. Les deux autres Foyers de Marseille eurent aussi des représentations qui eurent un très grand succès.

A chaque séance, de nombreux tracts du Comité Provençal furent distribués. Cette propagande a touché près de quatre mille soldats.

Il est à souhaiter que cette action puisse, l'année prochaine, s'étendre à tous les Foyers du Soldat de France et, par eux, à tous nos soldats et marins.

*
* *

En donnant trois fêtes au cours de la *Semaine Coloniale*, le Comité Provençal a su leur conserver une portée véritablement instructive; elles ont permis au grand public, tout en l'amusant, d'apprendre à mieux connaître nos colonies.

Grâce à l'autorisation donnée gracieusement par M. Flaissières, Sénateur, Maire de Marseille, on a pu faire des représentations populaires et gratuites sur la Place Jean-Jaurès, la plus étendue de Marseille.

Dans la soirée du samedi, 9 juin, près de dix mille personnes sont venues applaudir de très intéressants films coloniaux, qui étaient annoncés par haut-parleur. La Maison Gaumont fit passer sur l'écran 1.680 mètres de films contenant de très belles vues et scènes diverses sur la Tunisie, le Maroc, l'Afrique Occidentale et l'Indochine.

Le lendemain, devant un nombre de spectateurs aussi élevé, on montra 1.650 mètres de films sur l'ensemble des Colonies et plus spécialement sur Madagascar, l'Afrique Equatoriale et la Guadeloupe.

A la première soirée du samedi, la musique municipale fit applaudir les plus beaux morceaux de son répertoire. Le lendemain, la fanfare de l'Avenir fut, elle aussi, très appréciée du public.

Le succès de ces représentations a été considérable et a laissé la meilleure impression chez tous ceux qui y assistèrent.

La Fête Coloniale, donnée le jeudi, 14 juin, dans les jardins du Pharo, fut un véritable triomphe.

Le Comité Provençal avait été assez heureux pour obtenir, grâce aux instructions données par les différents Ministères, le concours de la Marine et des troupes indigènes.

C'est ainsi que le sous-marin *Lagrange* fut autorisé à venir passer une moitié de la semaine à Marseille, où il reçut, matin et soir, de très nombreux visiteurs.

D'autre part, le 8e Régiment sénégalais, campé à Ste-Marthe, envoya un détachement important, composé de Bambaras du Mossi, de Toucouleurs, de Fellatos, de Guerze et de Djermas, tous dans leurs pittoresques costumes. Le public pouvait ainsi se rendre compte des différences etchniques existant entre ceux que l'on confond sous le nom de Tirailleurs Sénégalais.

Nous ne saurions mieux faire que de reproduire une partie de l'article publié, le lendemain, par le *Petit Marseillais* sous le titre : « *La Grande Fête de la Semaine Coloniale au Pharo* ».

Dans la matinée, après avoir visité le sous-marin *Lagrange*, ancré au Vieux-Port, et qui était venu exprès de Toulon pour participer à cette brillante manifestation, les membres du Comité local recevaient à déjeuner les officiers de cette unité. Le repas fut servi à la Société Nautique. Aux côtés de M. Raymond TEISSEIRE, se trouvaient : le Lieutenant de vaisseau DE ROSEMONT, représentant l'Amiral BERGASSE DUPETIT-THOUARS; le Lieutenant de vaisseau CHEVILLOTE; l'Ingénieur mécanicien de 1re classe EUVRIE; l'Enseigne de vaisseau VOISARD, de l'état-major du *Lagrange*. Au dessert, M. Raymond TEISSEIRE remercia la Marine de son précieux concours et se félicita des résultats obtenus par la propagande coloniale sur l'opinion publique. Le Lieutenant de vaisseau DE ROSEMONT répondit par une délicate allocution, puis le Comité se rendit au Pharo où une foule nombreuse assista à un défilé, en costumes pittoresques, d'indigènes de diverses régions de l'Afrique Occidentale Française. Jeux, danses, mélopées, traversés de cris suraigus ou accompagnés de lentes et naïves musiques, intéressèrent le public massé autour du Château du Pharo; il accueillit avec sympathie, à leur passage, cavaliers, guerriers armés de lances, danseurs, musiciens jouant une sorte de tambourin primitif.

Cette phase de la *Semaine Coloniale*, actuellement en cours à Marseille, s'agrémenta, en outre, d'un brillant concert très applaudi, donné devant l'Ecole de Médecine par la musique du 14e de ligne.

Derrière le Château, l'affluence était grande des spectateurs qui suivaient, avec le plus vif intérêt, les plongées du sous-marin venu spécialement dans nos eaux à l'occasion de la *Semaine Coloniale* tandis que, dans les airs, gracieusement évoluaient deux hydravions du Centre voisin de Berre.

Longtemps après la fin de cette après-midi de fête, les jardins du Pharo gardèrent la même animation.

***

Pour mener à bien la propagande coloniale qui doit être intensive pendant la courte durée de la *Semaine Coloniale* et pour permettre que l'effet de cette propagande se continue plus longtemps, le Comité Provençal a distribué de nombreuses brochures, tracts et affiches dans toutes les conférences et même aux spectateurs qui ont pris part aux fêtes.

Certains documents ont été fournis au Comité Provençal par le Comité National, tels que la belle page : « Français, qu'est-ce que la France de 1928 », la belle affiche d'Emile Beaume et le timbre la reproduisant.

D'autres proviennent d'une souscription du Comité au Monde Colonial qui avait bien voulu publier un numéro spécial pour la *Semaine Coloniale*.

Ce numéro du mois de juin contenait une documentation sur chacune de nos Colonies avec des photographies admirablement choisies.

Le Comité a souscrit également à une édition spéciale de la Géographie illustrée Mame, partie Coloniale, qui a été livrée sous forme de brochure cartonnée.

Ces deux documents illustrés ont été répandus surtout dans les Ecoles et ont servi aux Instituteurs et aux Institutrices pour récompenser les meilleurs élèves en géographie coloniale.

Enfin le Comité Provençal a édité lui-même deux tracts.

Le premier composé par un de ses Vice-Présidents, M. Jacques Leotard, Secrétaire Général de la Société de Géographie, sous le nom d'« Aperçu Graphique des Colonies Françaises », a eu un très grand succès. Tiré à dix mille exemplaires, partie sous forme d'affiches, partie sous forme d'albums, cet aperçu donne une documentation précise et variée, avec des images appropriées sur les surfaces, les populations, les produits et autres ressources de nos Colonies.

Le second, dû à l'un des autres Vice-Présidents du Comité, M. Pessemesse, Inspecteur d'Académie honoraire, a été édité sous le titre de « Pages Coloniales ». C'est un recueil à forme littéraire donnant d'utiles indications sur chacune de nos Colonies.

Ce qui fait son originalité, c'est qu'il est composé uniquement d'extraits de discours ou d'écrits émanant de nos Gouverneurs de Colonies ou des grands coloniaux.

Ces deux tracts répandus non seulement en Provence, mais à Paris et aussi dans les autres Comités de France, ont eu le plus légitime succès et ont certainement contribué à une efficace propagande.

***

Le Comité Provençal s'était mis en relations avec les autres Comités de la région pour leur fournir toutes les indications et documents utiles.

C'est ainsi qu'il eut à *Aix*, les 13 et 15 juin, deux conférences prononcées par M. Saint-Yves au Kursaal-Cinéma, l'une d'elles plus spécialement réservée aux élèves des Lycées et des Ecoles Normales Supérieures.

Deux conférences furent également données à *Arles* au Cinéma dans les mêmes conditions et par le même orateur.

Toutes ces réunions eurent un très grand succès et c'est avec des applaudissements répétés que M. Saint-Yves fut acclamé, quand il parla de nos possessions africaines en montrant de superbes films.

A *Toulon*, la conférence organisée par les soins de M. Brouillot, Président de la Ligue Maritime et Coloniale dans cette ville, fut donnée par M. Saint-Yves dans la grande salle des fêtes du Grand Hôtel. Cette réunion, présidée par un officier de marine et composée d'un auditoire des plus choisis, intéressa vivement les auditeurs. Tous apprécièrent également les tracts qui leur furent distribués, et notamment « l'Aperçu Graphique » de M. Leotard qui avait bien voulu accompagner M. Saint-Yves à Toulon.

Dans les *Alpes-Maritimes*, sur l'initiative du Comité de Propagande Coloniale, un Co-

MM. les Présidents du Comité de Patronage

Photo Martinie

Général MESSIMY, *Sénateur,*
Ancien Ministre,
Président de la Commission des Colonies du Sénat

Henri Manuel, photo

M. B. DIAGNE, *Député,*
Ancien Haut-Commissaire au Recrutement des Troupes indigènes,
Président de la Commission des Colonies de la Chambre

Henri Manuel, photo

M. André BAUDET
Président
de la Chambre de Commerce de Paris

Henri Manuel, photo

M. S. CHARLÉTY
Recteur
de l'Université de Paris

Comité National

Henri Manuel, photo

M. Alcide DELMONT,

Avocat à la Cour d'Appel,
Député, Vice-Président-Délégué Général
de l'Institut Colonial,
Président du Comité National

M. Raymond TEISSEIRE,

Président du Comité Provençal
de la Semaine Coloniale,
Vice-Président du Comité National

Général GÉNIE,

Secrétaire Général du Comité National

M. J.-L. GHEERBRANDT,

Directeur de l'Institut Colonial,
Administrateur Général
du Comité National

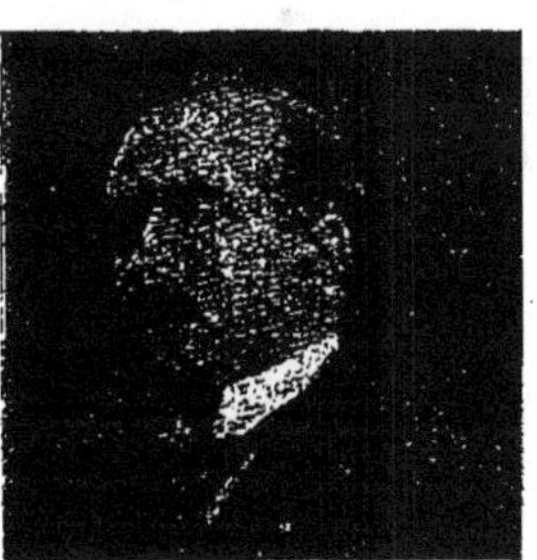

M. TROCHON,

Maître des Requêtes au Conseil d'Etat,
Ancien Directeur du Cabinet
du Ministre des Colonies,
Commissaire Général

Inauguration de la Vente de Charité

Au centre : S. M. l'Empereur d'Annam
M. Ed. CORNATON M. TROCHON M. J. POULALION M. Pierre TAITTINGER
M. Alcide DELMONT

Dames vendeuses du Comptoir des Antilles

Guyanaise vendant une poupée de son pays

Fête de nuit Indo-Chinoise

Stand de l'Indo-Chine

Stand de la Tunisie

Conférence coloniale dans une école, à Marseille. par M. Raymond TEISSEIRE
Sur l'escalier : MM. Félizat, C[t] Pral, Léotard, Ricou, membres du Comité provençal de la *Semaine Coloniale*

Vue prise à l'issue de la Fête Coloniale dans les Jardins du Pharo, à Marseille

mité de la *Semaine Coloniale* a été constitué à Nice avec la participation du Comité de Propagande de l'Alliance Française, de l'Institut Colonial de Nice et de la Ligue Maritime et Coloniale.

Ce Comité a manifesté son activité sous forme de conférences, d'articles de presse dans les quotidiens locaux, de distributions de tracts et d'affiches et de présentation de films dans les principaux cinémas.

Les conférences et causeries faites à la jeunesse des Ecoles et dans les Etablissements d'enseignement secondaire, les conférences de garnison ont certainement donné d'excellents résultats.

Le très actif Comité de Propagande Coloniale de Nice joue dans toute la région un rôle des plus importants par les hautes personnalités qui le composent et il intensifiera, en 1929, dans tout le département des Alpes-Maritimes, la propagande de la *Semaine Coloniale Française*.

En terminant, nous indiquons que le Comité Provençal avait délégué son Président pour faire, à Alger, une conférence sur la *Semaine Coloniale*.

A cet effet une réunion fut organisée par les soins de la Société de Géographie d'Alger, si connue dans les milieux savants. Le 14 mai dernier une séance eut lieu au siège même de la Société et fut présidée par M. DE SAMBŒUF, en l'absence du Président, M. le Général DE BONNEVAL. Après avoir expliqué le fonctionnement du Comité National de la *Semaine Coloniale* et du Comité Provençal, M. TEISSEIRE invita l'Algérie à se joindre à la Métropole et à célébrer à l'avenir la *Semaine Coloniale Française*, pour mieux faire connaître à tous notre domaine d'outre-mer et unir chaque année au même moment, et dans une pensée commune, les Français de France et les Français des Colonies. Aux paroles de remerciements du distingué Président, à la sympathie très vive manifestée par l'auditoire on peut être assuré que la *Semaine Coloniale* sera organisée en Algérie dès 1929, préparant ainsi, par une active propagande, les fêtes de l'année suivante pour la célébration du glorieux centenaire.

***

Le Comité Provençal, par ses conférences et ses causeries, par ses fêtes instructives, ses tracts pleins d'intérêt, sa liaison avec les Comités Régionaux, a conscience d'avoir fait une utile propagande au cours de la *Semaine Coloniale* de 1928.

METZ

A l'autre extrémité de la France, la ville de Metz organisait, en même temps, une *Semaine Coloniale* toute vibrante de cette foi patriotique qui caractérise les moindres manifestations nationales de la vieille citadelle lorraine.

« Rien n'a été négligé, dit un journal local, *Le Lorrain*, pour faire connaître aux Messins la valeur de notre empire colonial, vingt fois plus étendu que la France elle-même, avec une population d'environ 55 millions d'habitants. Et pour diffuser l'admiration et l'amour que l'on doit avoir pour nos possessions lointaines, tous les moyens de propagande ont été mis en œuvre, grâce à la compétence et à l'esprit d'initiative du Comité Messin de la *Semaine Coloniale*.

« Inaugurée dignement, comme il convenait, par des cérémonies religieuses dans les différents cultes, cette Semaine nous a conviés à de multiples conférences et productions de cinéma. Des bandes de calicot, avec des inscriptions relatives aux Colonies, barraient les artères principales de Metz. Des expositions de souvenirs coloniaux attiraient les passants vers les vitrines de nos grands magasins. »

Descriptions, conférences, cinéma en plein air, défilés coloniaux, tout fut ainsi mis en œuvre. Il semble que le succès maximum ait été aux séances quotidiennes de cinéma en plein air qui, malgré la température peu clémente, réunirent toujours au moins deux mille spectateurs sur la Place d'Armes.

Dans un sentiment qui a touché profondément le Comité National, la magnifique section messine des Médaillés Militaires eut l'attention délicate de placer sa fête annuelle le dimanche 17 juin, de sorte que les deux fêtes purent finir ensemble, et en beauté, au pied de la statue du Poilu.

Cette touchante cérémonie finale du Poilu avait été précédée d'une fête sportive où les Médaillés Militaires avait eu soin d'insérer un intermède colonial consistant dans la présentation et le défilé de tous les uniformes de l'armée d'Afrique et des troupes coloniales, depuis les origines. Pour finir, une fantasia, réalisée par le 8e bataillon des chasseurs à pied, présenta l'attaque et la défense d'un poste dans le bled.

A l'issue de la fête sportive, le cortège colonial, avec tous les éléments costumés qui avaient pris part à la fête, se déroula à travers la ville, vers la statue du Poilu. Et là, devant les drapeaux des Sociétés, les délégations des coloniaux, les autorités entourées de presque toute la population messine, le Commandant LOIZILLON, qui fut l'animateur de la *Semaine Coloniale* messine, prononça l'émouvant discours suivant :

« La *Semaine Coloniale Française*, ouverte le 10 juin dans toute la France, se termine aujourd'hui.

Pendant cette semaine, grâce à l'activité des Comités locaux créés dans toutes nos villes, beaucoup de Français ont appris à mieux connaître leurs Colonies.

A Metz, la Semaine a été ouverte dimanche dernier, ici même, devant le Poilu, dès le moment où les couleurs nationales qui vont flotter encore quelques instants au sommet de ce mât furent hissées lentement dans l'air.

Elles s'abaisseront tout à l'heure après avoir flotté au vent pendant huit jours.

Pendant ce temps, le Comité Messin d'Action Coloniale s'est efforcé de magnifier ceux qui, par leur activité créatrice, ont reculé les limites de leur Patrie aux confins des deux hémisphères, parsemant le monde de terres françaises vingt fois plus grandes que la France elle-même et peuplées d'un nombre presque double d'habitants.

Les générations qui, depuis bientôt cent ans, ont constitué morceau par morceau ce superbe domaine, ont subi des sorts divers, mais toutes, malgré les crises traversées par la mère Patrie, ont apporté leur part à la construction de l'édifice colonial français tel qu'il se présente actuellement à l'admiration du monde.

Les premières dans l'Afrique du Nord, alliant le courage de leurs soldats à la sagesse de leurs administrateurs, s'imposèrent au respect des tribus les plus guerrières mais aussi les plus chevaleresques de l'univers et jetèrent les bases de la Paix française qui y règne actuellement.

Les secondes, pénétrant dans le continent noir, alors inconnu, apportèrent, aux populations misérables qui y vivent, des moyens de communications indispensables aux échanges commerciaux, une hygiène et une santé publique constamment améliorées. Et, passant en Asie, au contact des plus vieilles civilisations du monde, elles faisaient profiter celles-ci des bienfaits de la science moderne appliquée à l'exploitation de richesses insoupçonnées.

Par elles, une grande île et d'autres semées au milieu des Océans lointains, sortirent de leur isolement séculaire.

Les dernières générations venues n'ont pas été inférieures à leurs devancières.

Malgré la menace qui, pendant 48 ans, a pesé sur les frontières continentales de la Métropole, malgré les jalousies sans cesse renaissantes de voisins agressifs aux confins mondiaux de ses frontières coloniales, malgré les difficultés sans nombre, elles étendirent et consolidèrent les résultats obtenus par leurs devancières.

Elles laissent aujourd'hui à leurs descendants un Domaine Colonial homogène et la mère Patrie rétablie dans l'intégrité de son territoire national.

Diminuées, mais toujours vaillantes, elles attendent la relève. Jeunes gens à vous de l'assurer !

C'est le but que poursuit dans ses fins dernières, l'organisation, chaque année et simultanément dans toutes les villes de France, d'une « *Semaine Coloniale* » destinée à répandre dans les jeunes générations l'amour de nos colonies et à créer des vocations Coloniales civiles ou militaires.

N'oubliez pas, cependant, jeunes gens, que pour aller aux Colonies, il faut être, avant de partir, en possession d'un métier. Travaillez donc en France, faites vos études et transportez ensuite aux Colonies vos jeunes intelligences.

Ce que nos Colonies réclament ce sont moins des bras que des cerveaux.

Si vous craignez l'inconnu avant de vous établir, demandez à accomplir là-bas votre service militaire.

Le Français est un des meilleurs colonisateurs du monde.

La survivance de sa langue et de son esprit dans les anciennes colonies du XVIIIe siècle le prouve. Loin de se superposer brutalement aux populations, il les pénètre et les associe à sa vie. Il s'incline devant leurs vertus guerrières et confond sous le même drapeau et dans les mêmes rangs soldats français et indigènes.

Selon une pensée exprimée par un de nos agrégés du Lycée de Metz, au cours de la propagande de cette Semaine : le soldat inconnu qui repose sous l'Arc de Triomphe est peut-être un Colonial.

Agriculteur Mosellan, tu peux partir à Madagascar, tu y trouveras des terres d'élevage; mineur de la Moselle, tu y trouveras des terres de prospection; forestier, tu trouveras au Congo des essences millénaires; agronome, tu créeras au Niger le Coton français. Quel avenir!

Ce sont ces espérances réalisables que le Comité Messin de la *Semaine Coloniale* a essayé d'éveiller chez tous par la vue, l'ouïe, le tract, la banderole, le cinéma, le haut-parleur, la carte postale, le renseignement. Puisse-t-il avoir réussi? Toujours est-il que, pour un premier essai, le Comité de Metz a certainement égalé les meilleurs.

Aussi comme délégué du Comité National de la *Semaine Coloniale Française*, suis-je heureux de remercier les Membres du Comité de patronage de Metz à la tête duquel se trouvent : M. le Préfet de la Moselle, le Général Commandant le 6e Corps d'Armée, Gouverneur militaire de Metz et M. le Maire de Metz; j'adresse également mes remerciements au Comité d'action présidé par M. HENNEQUIN, Adjoint au Maire; à M. VINCENT, Vice-Président du Comité; au Conseil Municipal tout entier pour leur dévouement à la cause coloniale.

Ma reconnaissance ira également aux Membres de l'Université, aux représentants des divers cultes, à la Presse Messine toute entière, qui ont apporté à la Semaine un appui moral de première valeur, aux Présidents et aux Membres des Sous-Commissions de Propagande technique, intellectuelle, morale et artistique : MM. Jacques BLOCH et XARDEL, Camille HOCQUART, GODARD, Commandant BERDOT, JOXE, Abbé PIOCHE, DELÉPÉE, CRESSOT, COCHETAUX, MARTHELOT, NAVEL, CHEYS, Capitaine RIBIÈRE, FOURNAISE, à tous les autres Membres, aux différents services municipaux, aux Directeurs de Banque, au Syndicat des Hôteliers, à la Sauvegarde Commerciale Lorraine, et aux Sociétés patriotiques dont les drapeaux richement brodés, comme ceux de nos régiments métropolitains, vont envoyer au souple et léger pavillon colonial, le salut de la Patrie.

Et jetant les yeux sur la butte qui là-bas à mi-côte du St-Quentin marque la place d'où Charles-Quint dirigea le siège de Metz, il y a plus de trois siècles, nous penserons, nous aussi, avec orgueil, que notre Empire colonial est si vaste que le soleil ne se couche jamais sur les territoires que la France a la haute mission d'amener à la Civilisation.

Jeunes gens de la Moselle allez aux Colonies.

Amenez les Couleurs ! Au Drapeau !!!

Tout y est, y compris l'hommage à tous les artisans de cette belle œuvre patriotique, auxquels le Comité National est heureux d'adresser l'expression de sa profonde reconnaissance.

BÉZIERS
et la Xe Région Économique

Marseille et Metz ne sont pas des cas particuliers. La foi coloniale y est sincère, et servie par des hommes d'action qui ont agi : M. Raymond TEISSEIRE, à Marseille, Vice-Président du Comité National, le Commandant LOIZILLON, à Metz.

Sur d'autres points, les mêmes causes ont produit les mêmes effets. C'est ainsi qu'à Béziers l'activité et la ténacité vraiment coloniales de M. RICARD-NICOUL et de M. CHAMAYRAC parvinrent à mettre sur pied une *Semaine Coloniale* très vivante et très réussie.

Nous en donnons le programme d'après la jolie affiche tricolore lancée par les organisateurs.

SEMAINE COLONIALE DE BÉZIERS

Du 17 au 24 juin 1928

Sous la Présidence d'honneur de M. le Sous-Préfet, M. le Général RICHAUD, M. le Maire de Béziers, M. le Président du Tribunal, M. le Procureur de la République, M. le Président de la Chambre de Commerce et des Autorités civiles et militaires.

PROGRAMME

Dimanche 17 juin, à 10 heures, salle du Conseil Municipal, mairie de Béziers, Ouverture de la *Semaine Coloniale;* Conférence par M. le Professeur FAUCON, Président du Comité Colonial de la 10e Région Economique; sujet traité : « L'Expansion coloniale de la France, son Avenir. » Entrée absolument gratuite.

Lundi, 18 juin, à 16 heures, dans la salle du Kursaal-Cinéma : première matinée cinématographique d'Education coloniale, pour les élèves des écoles de filles.

Mardi, 19 juin, à 16 heures, dans la salle du Kursaal-Cinéma : deuxième matinée cinématographique d'Education coloniale, pour les élèves des écoles de garçons.

Mercredi, 20 juin : à 20 heures, grande retraite à travers les principales rues de la ville, par la Fanfare *l'Espérance;* à 20 h. 20, salle du Kursaal-Cinéma, spécialement décorée à cet effet, grande soirée de gala cinématographique offerte aux Membres du Comité d'Honneur de la *Semaine Coloniale* et à la Presse. Présentation et projection du dernier film de l'Agence Economique : « Madagascar ».

Jeudi, 21 juin, à 20 h. 30, sur le kiosque de la Place Jean-Jaurès, grand concert par la Lyre Biterroise, sous la direction de M. G. ALICOT, en l'honneur de la *Semaine Coloniale.*

Samedi, 23 juin, à 21 heures, dans le jardin du Grand Café de la Paix, grand Concert symphonique, avec transmission par haut-parleur.

Dans ce programme, il faut retenir tout d'abord les importantes conférences de M. le Professeur FAUCON, Président du Comité de Propagande Coloniale de Montpellier et de l'Administrateur BOREL.

M. BOREL fit, au Kursaal, une superbe conférence sur Madagascar, le mercredi 20 juin, pendant la grande soirée où furent projetés les films de l'Agence économique.

M. le Professeur FAUCON est un apôtre infatigable de l'idée coloniale. Associant la ville de Montpellier et la 10e Région Economique tout entière à la *Semaine Coloniale,* il porta la bonne parole, non seulement à Béziers, mais à Montpellier et à Sète, toujours avec le même succès, tant est vivante l'idée coloniale dans cette belle région.

A Béziers, le mouvement prit l'allure d'une vague qui entraîna tout le monde.

Dans toutes les écoles, des causeries coloniales ont été faites par les Maîtres et Professeurs. Grâce à l'ingéniosité de M. TRINQUIER, instituteur et de M. RICARD-NIGOUL, une série de cahiers de vacances est imaginée dont les travaux ne prévoient que des questions coloniales, avec distribution de prix à la rentrée.

Pendant toute la Semaine, le Kursaal biterrois donne des matinées cinématographiques coloniales pour les écoles. Le mercredi soir, le programme colonial de la matinée est reproduit en soirée; le Kursaal est décoré de drapeaux et de plantes vertes, une retraite en musique parcourt les rues de la ville.

Un commerçant parvient, malgré la pénurie habituelle d'éléments coloniaux, à organiser une vitrine coloniale très réussie, qui servira de modèle les années suivantes.

Ce qui permit l'ampleur de la manifestation biterroise, en dehors du zèle éclairé et tenace des organisateurs ce fut, on le voit, le concours de tous, autorités civiles et militaires, corps enseignant, commerçants, particuliers... Les autorités assistent à toutes les manifestations, pour lesquelles la Municipalité accorde le concours de tous ses services.

Béziers a, certes, bien mérité de l'Idée coloniale.

BORDEAUX

A Bordeaux, c'est un apôtre colonial encore, M. Godefroi RATTON, qui réalise une *Semaine Coloniale*, d'un esprit tout différent, mais dont on ne peut que saluer avec respect l'inspiration élevée.

M. Godefroi RATTON est Président du Groupe Colonial postscolaire de Bordeaux. Il a l'amour et la pratique de la jeunesse; il était tout naturel que, colonial dans l'âme, il pensât à porter l'idée coloniale, ainsi qu'il l'écrivait, « dans le milieu à la fois le plus favorable et le plus intéressant au succès de notre bonne cause », le milieu scolaire.

Il le fit, comme il l'avait décidé, en parfait accord avec M. AURIAC, Inspecteur d'Académie, encore un fervent de l'Idée coloniale.

L'affiche artistique de la *Semaine Coloniale* fut donc apposée dans les 80 écoles de Bordeaux (40 écoles de filles, 40 écoles de garçons), ainsi qu'au lycée de garçons, à l'école supérieure et aux deux écoles pratiques de Commerce et d'Industrie, à l'école normale d'instituteurs, à l'école primaire supérieure.

Le vendredi 15 juin eurent lieu des cérémonies caractéristiques.

A l'Ecole Normale de la Gironde, située à St-André-de-Cubzac, M. Godefroi RATTON fit, dans l'après-midi, une conférence sur l'Œuvre coloniale française.

« En terminant son instructive conférence, écrit la *Petite Gironde* du 25 juin, le dévoué Président du Groupe évoqua l'incomparable épopée coloniale française, depuis Jacques CARTIER au XVIIe siècle, à GALLIÉNI et à LYAUTEY, de nos jours, et fit un chaleureux appel aux futurs maîtres primaires, pour qu'à leur tour ils se fassent les adeptes convaincus et les propagandistes dévoués de la cause coloniale française qui doit demeurer au premier plan de nos préoccupations.

« Le même jour, à 20 h. 30, dans une modeste école de quartier, devant un nombreux auditoire de parents et d'élèves, M. Godefroi RATTON lut et commenta la vie de René CAILLIÉ, « ce jeune et audacieux français, dit encore la *Petite Gironde*, qui seul et sans appui, comme sans ressources, entra, en mai 1828, le premier à Tombouctou ». Et ce n'est pas sans joie qu'on lit ce qui suit, dans le grand organe bordelais, au sujet de cette intéressante causerie dans une école populaire :

« En termes excellents, après avoir remercié le Président du Groupe Colonial postscolaire, M. THOMAS, le sympathique Directeur de l'école, commenta l'audacieuse aventure de René CAILLIÉ. C'est, dès l'école, qu'il faut s'attacher à travailler, pour acquérir l'instruction nécessaire, afin d'être toujours prêt devant les circonstances de la vie; et M. THOMAS souligna remarquablement ces conseils en rappelant qu'un autre français, également de très modeste origine, était entré, il y a bientôt trente ans, comme chef militaire à Tombouctou; il était, à cette époque, le capitaine JOFFRE; il est aujourd'hui Maréchal de France.

Une distribution gratuite de belles brochures, revues, journaux et autres documents illustrés, traitant des Colonies, clôtura cette agréable soirée. »

Il est réconfortant, de rencontrer, chez le personnel enseignant, une notion aussi juste et aussi élevée de son devoir éducateur, au sujet de l'idée coloniale, envers cette jeunesse à qui seront confiées, demain, les destinées du pays. L'action d'hommes comme M. Godefroi RATTON et le personnel enseignant bordelais donne toute confiance que ces destinées seront en bonnes mains.

REMIREMONT

Marseille, Metz, Bordeaux sont de grandes villes, ayant des ressources puissantes, des moyens d'action variés.

A Remiremont, M. VANSON, Emile, Secrétaire de l'Amicale des Anciens Légionnaires et Coloniaux, et M. LAMBOLEZ, Vital, Trésorier, nous montrent qu'avec des facilités moindres un homme d'action arrive toujours à agir.

M. VANSON et ses collègues de l'Amicale se dépensèrent pendant plus d'un mois pour organiser leur manifestation. Ils en furent récompensés par le succès.

Il est juste de dire que l'Amicale est puissamment encadrée, notamment par :

MM. Maurice FLAYELLE, Sénateur, Président d'honneur;
Camille AMET, Député, Membre d'honneur;
Edouard GEORGES, Maire de Remiremont, Membre d'honneur,

qui montrent, en toutes circonstances, la plus agissante solidarité envers leurs camarades.

La Semaine Romarimontaine compte une série de séances cinématographiques, pour le public, pour les enfants des écoles, les élèves du collège et les petits pensionnaires de l'Orphelinat de Remiremont.

Le mercredi l'auditoire comprenait 519 enfants; le vendredi, il y en avait 527.

A chacune des deux séances, M. PARIZOT, Professeur au collège et Membre de la Ligue Maritime et Coloniale, a fait une conférence qui rencontra le plus grand succès. Après avoir exposé le but de la *Semaine Coloniale*, le but également de la Ligue Maritime et Coloniale, il a présenté le problème Colonial et Maritime français dans la forme où ils s'imposent, à l'heure actuelle, à l'attention de tous les Français.

Appuyant son argumentation sur des chiffres, M. PARIZOT a retenu l'attention de tous, petits et grands, sur les principales questions économiques d'actualité, celle du coton, par exemple. Il a montré comment la vie coloniale peut et doit s'intégrer dans la vie nationale, pour le plus grand bien de la Métropole et des Colonies elles-mêmes.

Non seulement c'est un professeur du collège qui apparaît ainsi comme un des principaux animateurs de la *Semaine Coloniale*, à Remiremonu; mais les séances scolaires précitées ont été organisées avec le concours de M. l'Inspecteur Primaire et tous les Directeurs et Instituteurs scolaires.

A Remiremont, comme à Bordeaux, le monde enseignant a pleine conscience de sa haute mission éducatrice, et n'épargne aucun effort pour lui donner toute sa portée nationale.

RENNES

Si nous passons en Bretagne, nous trouvons le même zèle patriotique et éclairé, la même volonté d'aboutir et de contribuer à l'œuvre nationale commune.

Sous l'inspiration de M. LADAM, Commissaire Général de la Foire de Rennes, le Comité breton de propagande coloniale avait décidé, pour le 10 juin, une journée coloniale dans laquelle son Vice-Président Directeur, M. GRILLET, devait jouer le rôle principal.

Les grandes affiches artistiques du Comité National, placées dans les principaux magasins, annoncèrent la manifestation, à laquelle l'autorité militaire, et, en particulier le 41e R. T. M., ainsi que la municipalité de Rennes prêtèrent leur concours effectif.

La ville de Rennes mit à la disposition du Comité de Bretagne la salle des fêtes du Palais Saint-Georges, préparée et décorée.

Voici quel fut le programme de la manifestation coloniale du 10 juin 1928 (20 h. 20) :

a) « De l'importance, de la nécessité des colonies pour une grande nation européenne, pour la France en particulier. » Conférence par Louis GRILLET, ancien chargé de mission en Chine.

b) « Du rôle de la France et de l'Indochine Française dans la solution du problème d'Extrême-Orient. » Conférence par Louis GRILLET.

c) Danses guerrières malgaches avec le concours des sous-officiers et soldats du 41e R. T. M.

d) Audition de chants hovas, avec accompagnement de valihas.

e) Présentation de films de l'Indochine (Angkor, le Laos et Luang-Prabang, le jardin botanique de Saïgon, charbonnages d'Hongay, le Yunnan).

Un public nombreux et choisi avait répondu à l'appel du Comité d'organisation et de la Presse régionale. M. BAHON, Maire de Rennes, entouré de nombreux conseillers municipaux, présidait la cérémonie à laquelle s'était fait représenter le Général HALLIER, commandant le 10e Corps, et à laquelle assistait le Colonel Commandant le 41e R. T. M. et de nombreux officiers, des Professeurs des Facultés de Rennes et des Lycées, des conseillers à la Cour d'appel et des magistrats, des fonctionnaires, de nombreux indutriels et commerçants, etc...

Les deux remarquables conférences de Louis GRILLET, qui présentèrent, sous un aspect nouveau, deux questions de propagande coloniale intéressantes, furent très applaudies et valurent au conférencier d'unanimes félicitations.

Le rôle de la France en Chine, surtout tel qu'il doit découler de sa présence en Indochine, fut présenté par le conférencier d'après les grandes lignes de son ouvrage *La Transformation économique de la Chine*, rédigé à la demande des dirigeants chinois en 1917, et publié la même année à Pékin. L'attention de l'auditoire fut retenue surtout par la nouveauté de la thèse, rapprochée des événements actuels.

Le 13 et le 14 juin, à 20 heures, pour compléter cette manifestation, M. Louis GRILLET a diffusé par T.S.F. (Radio-Rennes) ses deux conférences du 10 juin.

Le Comité breton de Propagande coloniale, fondé à Rennes en 1926, fait une propagande incessante par communications à la presse et par des conférences (4 en 1926, 4 en 1927, 5 en 1928). A la suite du succès de sa journée coloniale du 10 juin, il a décidé d'organiser pour l'hiver prochain, une campagne de diffusion radiophonique à l'aide du poste de Radio-Rennes.

NIORT

Le Comité Poitevin de propagande coloniale a célébré la *Semaine Coloniale* en s'associant aux manifestations organisées à Mauzé par le Comité régional de la Fédération intellectuelle du Centre-Ouest, pour fêter le centenaire de l'entrée à Tombouctou de son grand compatriote : René CAILLIÉ. En même temps était glorifiée, à Niort, la mémoire de deux autres grands coloniaux poitevins : Victor LARGEAU, explorateur africain, et son fils, le Général Emmanuel LARGEAU, le pacificateur du Tchad.

Les grandes affiches de la *Semaine Coloniale* attestaient la communauté d'inspiration des deux fêtes ainsi réunies. Le timbre de la *Semaine Cloniale* était vendu également en souvenir des deux cérémonies.

Le samedi, 23 juin, une délégation dirigée par le Vice-Président du Comité poitevin de Propagande coloniale, M. Oscar BONNEAU, se joignit aux représentants de la Fédération intellectuelle, pour aller fleurir les tombes des deux LARGEAU, au village de Magné. Le soir, une conférence sur la vie de René CAILLÉ. était donnée à l'Hôtel de Ville de Niort, par M. GIRODIAS, Directeur de l'Enregistrement, auteur d'un beau livre intitulé *Le Vainqueur de Tombouctou.*

Le dimanche 24, au matin, eut lieu l'inauguration de la plaque commémorative apposée sur la maison où mourut Victor LARGEAU, en présence de M. Gaston JOSEPH, chef de cabinet du Ministre des Colonies, entouré des autorités civiles et militaires.

Une jolie vitrine de curiosités soudanaises avait été installée par la librairie LAVADOUX. De gracieuses jeunes filles vendaient, sur la voie publique, des cartes postales illustrées de l'A. O. F. et de l'A. E. F., portant des autographes des plus hautes notabilités coloniales.

Aussitôt après l'inauguration de la plaque LARGEAU, les autorités se rendent à Mauzé, pour participer aux fêtes en l'honneur de René CAILLÉ. Dans la célébration de la mémoire du grand colonial poitevin apparut tout naturellement l'occasion de trouver un symbole parfait de l'effort colonial, caractérisé par la ténacité intelligente, la volonté infatigable de l'homme qui, même isolé, réussit à dominer toutes les résistances, des hommes et des éléments.

Ce fut de la propagande coloniale, et de la meilleure, dont la haute portée fut soulignée par tous les orateurs, et notamment par M. Gaston JOSEPH, au nom du Ministre des Colonies, M. Léon PERRIER, le Ministre de la Propagande coloniale.

TROYES

Le Comité Colonial de l'Aube est un actif propagandiste colonial. Son action s'exerce toute l'année, comme le font tous les Comités vraiment conscients de leur mission.

Pour la *Semaine Coloniale*, le Président du Comité, M. TREMBLOT, avait organisé à Troyes, un grand concours colonial interscolaire, dont les prix furent distribués, le 19 juin. dans une jolie cérémonie, présidée par M. LAPAICHE, Inspecteur primaire, en présence de MM. CLÉVY, Maire de Troyes, FESCHOTTE, Secrétaire Général de la Préfecture, et des principales personalités. du monde universitaire aubois.

Le clou de la soirée fut la très belle conférence de M. SICRE, Inspecteur des Services économiques en Indochine, fils du Général de Division de l'Armée Coloniale. Le brillant conférencier fit faire à un auditoire nombreux et vivant un joli voyage à travers l'Indochine, au cours duquel les projections cinématographiques donnèrent une documentation des plus intéressantes.

Après la distribution des prix, une brillante partie musicale termina la soirée avec le concours d'artistes du Conservatoire de Troyes.

Ici, encore, nous retrouvons l'union féconde du personnel enseignant et des propagandistes de l'Idée Coloniale. M. TREMBLOT avait, dans son allocution, généreusement souligné la solidarité de tous avec la *Semaine Coloniale*, dont la haute signification est, dit le *Petit Troyen*, « de rappeler à l'opinion publique, par une série massive de manifestations, ce qu'elle doit savoir de nos colonies françaises ».

CAEN

Dans la ville de Caen, le Docteur GOSSELIN, Président des Anciens Coloniaux du Calvados, et M. BILLIARD, secrétaire de la même société et Vice-Président du Comité de Propagande Coloniale de Basse-Normandie, eurent l'idée ingénieuse de s'associer à la *Semaine Coloniale*, en faisant donner, le lundi 11 juin, la magnifique conférence sur l'Indochine que la Princesse Achille MURAT venait de faire dans plusieurs grandes villes d'Amérique.

La réunion eut lieu sous la présidence de M. HÉLITAS, Préfet du Calvados, entouré de

M. Detalle, Maire de Caen, du Général Commandant la Subdivision, de M. Lamorlette, Inspecteur d'Académie, de M. Duchesne-Fournet, Conseiller Général, et de nombreuses personnalités civiles et militaires

La salle du Sélect-Cinéma était comble : plus de mille personnes y étaient réunies. En présentant la Princesse Murat, le Préfet voulut bien expliquer lui-même le but de la *Semaine Coloniale*, dont les affiches avaient été répandues dans la ville, par les soins des organisateurs.

Le succès de la réunion fut très grand. Et c'est sous les plus heureux auspices que *la Semaine Coloniale* fait ainsi une entrée brillante dans cette belle et riche région de Basse-Normandie, dont le Comité de propagande coloniale exerce, pendant toute l'année, une activité que le Comité National se fait un devoir de saluer ici avec respect.

GRENOBLE

La Ville du Ministre des Colonies se devait de prendre part au mouvement de propagande nationale organisé par la *Semaine Coloniale*. Elle n'y manqua pas, grâce au zèle agissant et éclairé du Comité de Propagande Coloniale organisé l'année dernière par le XIIe Groupement Economique, représenté par son actif secrétaire général : M. Beauquis.

L'Hôtel de la Chambre de Commerce, qui est le siège du Comité de Propagande, resta pavoisé pendant les huit jours de la Semaine. Une grande banderole, occupant tout le pourtour du balcon, portait la mention :

Semaine Coloniale Française de 1928.

Le musée colonial fut ouvert tous les jours, pendant la Semaine, et reçut de nombreux visiteurs.

Mais ce qui constitua le meilleur élément de propagande en cette importante région, ce fut l'émission trois fois répétée, par le poste de T.S.F. Alpes-Grenoble, d'un appel du XIIe Groupement Economique que nous sommes heureux de reproduire in-extenso.

COMMUNICATION DU XIIe GROUPEMENT ECONOMIQUE REGIONAL DE LA CHAMBRE DE COMMERCE

La deuxième *Semaine Coloniale Française* annuelle, placée sous le haut patronage de :

M. le Président de la République,
M. le Président du Conseil des Ministres,
MM. les Présidents du Sénat et de la Chambre des Députés,
MM. les Membres du Gouvernement.

et organisée en plein accord par le Ministère des Colonies, l'Agence Générale des Colonies et toutes les agences officielles de nos colonies, aura lieu à Paris et dans toute la France du 9 au 17 juin courant.

Nous signalons à l'attention de nos auditeurs cette très intéressante manifestation, dont le but est de faire connaître notre magnifique domaine colonial et ses richesses, l'œuvre accomplie par la France dans nos colonies, et enfin le rôle des colonies dans l'avenir de la France.

Voici les caractéristiques principales de l'ensemble des colonies françaises :

Population : 60 millions d'habitants.

Superficie : 11 millions 500 mille kilomètres carrés.

Commerce : suivant les dernières statistiques établies, le commerce total avec nos colonies s'élève à environ 20 milliards de francs.

Le montant des seuls produits tropicaux exportés par les colonies, produits que nous ne pouvons cultiver sous notre climat, est de 3 milliards 500 millions par an.

Le XIIe Groupe Economique, qui a son siège à Grenoble, Hôtel de la Chambre de Commerce, conscient du rôle important que nos colonies sont appelées à jouer, notamment dans le domaine économique, a abordé résolument l'étude et la mise en exécution d'un programme de collaboration coloniale. Le 20 janvier 1927, sous les auspices de M. Perrier, ministre des Colonies, et sous sa présidence effective, il a été institué, dans le cadre de la XIIe Région Economique, comprenant les chambres de commerce de Grenoble, Annecy et Chambéry, un Comité de Propagande et de Documentation coloniales.

Ce Comité a décidé la création dans chacune des chambres de commerce de Grenoble, Annecy et Chambéry :

D'un service de renseignements économiques ;

D'un service de placement de nos compatriotes aux colonies, soit dans l'industrie privée, soit dans l'armée ou l'administration coloniale;

La constitution d'un musée colonial;

De nombreuses et très instructives conférences, avec présentations de films coloniaux d'un très grand intérêt, ont été faites en 1927 et 1928 par de hauts fonctionnaires coloniaux à Grenoble, Annecy et Chambéry, où elles ont obtenu le plus mafinifique succès.

Le XIIe Groupement est heureux de profiter de la *Semaine Coloniale* pour engager ses ressortissants à porter leur attention sur la question coloniale, qui est au premier rang de celles qui sont de nature à obtenir l'union de tous les français.

Il les invite, en même temps, à faire appel en toutes circonstances utiles à ses services de Documentation Coloniale et à visiter l'exposition coloniale très intéressante, annoncée au Musée Industriel et Commercial de la Chambre de Commerce de Grenoble.

Il invite aussi ses ressortissants de la Savoie à visiter les expositions semblables qui sont en cours d'installation aux chambres de commerce de Chambéry et d'Annecy.

Afin de bien marquer l'importance de la manifestation, l'Hôtel de la Chambre de Commerce restera pavoisé pendant toute la durée de la *Semaine Coloniale Française* du 9 au 17 juin 1928.

CHATEAU-THIERRY

L'Amicale des Anciens Coloniaux, et son Président, M. Thébault, qui la dirige avec une si intelligente activité, ne pouvaient de désintéresser de la *Semaine Coloniale*. Ils durent, toutefois réserver leurs manifestations principales pour l'époque du Congrès colonial, qui se tint à Château-Thierry, les 20, 21 et 22 juillet.

M. Paul Doumer, Président du Sénat, et M. Léon Perrier, Ministres des Colonies, vinrent présider la Séance de clôture. Dans cette séance, le Président de la Fédération, M. Georges Barthélemy, voulut bien associer la *Semaine Coloniale* aux travaux du Congrès, dont la propagande coloniale est l'un des buts essentiels.

Pandant la Semaine du 10 au 17 juin, l'Amicale des Anciens Coloniaux avait tenu néanmoins à faire placarder les affiches illustrées de la *Semaine Coloniale* dans toute la ville, à distribuer les tracts du Comité National avec toute la publicité possible, et à organiser une réunion, avec causerie, sur l'œuvre et les buts de la *Semaine Coloniale*.

L'effet de propagande n'en fut pas moins obtenu, avec la résolution d'associer toujours plus étroitement l'action de la Semaine à celle des groupements coloniaux réunis dans la Fédération.

BESANÇON

Dans cette ville, dont le Maire, M. SIFFERT, est membre du Comité de patronage de la *Semaine Coloniale*, l'imminence de la foire annuelle ne pouvait permettre l'organisation de manifestations spéciales à la *Semaine Coloniale.*

Toutefois la Ville de Besançon ne pouvait rester en dehors du mouvement. Les affiches de la Semaine furent apposées, les tracts distribués, les timbres vendus. Une femme d'action, Mme Krug, Présidente de la Section locale de l'U.F.F., organisa, dans le cadre unique du Palais Granvelle, une vente de charité dont les comptoirs étaient disposés en souks coloniaux africains.

Le succès de cette jolie fête fut complet, et souligné de la meilleure façon dans la presse locale, dont l'un des organes principaux, *Le Petit Comtois,* publia un important article de principe sur la *Semaine Coloniale.*

Aussi, les autorités compétentes ont elles décidé d'adjoindre, dès l'année prochaine, une section coloniale à leur belle Foire comtoise, dont le succès va grandissant, d'année en année, sur toute la région de l'Est.

LORIENT

« L'Amicale des Coloniaux du Morbihan avait décidé ,au cours de l'une de ses réunions, de ne pas laisser la *Semaine Coloniale* clôturer l'énergique et splendide campagne qu'elle a menée, du 10 au 17 juin, en faveur de nos colonies et de nos coloniaux, sans lui apporter son modeste concours, en affirmant son désir et sa volonté de poursuivre le but qu'elle s'est fixé, ce qu'elle a mainte fois affirmé dans les colonnes de ce journal, toujours largement et généreusement offertes, et en rendant hommage aux coloniaux morts pour la « plus grande France ».

« A l'issue de l'assemblée générale, qui s'est tenue dimanche, 17 juin, à la Mairie de Lorient, et au cours de laquelle fut discutée la possibilité d'organiser, cette année, à Lorient, berceau de la Compagnie des Indes, une journée coloniale, l'Amicale représentée par son bureau : les camarades JEAN, architecte, président LAIGLE, vice-président, etc.; l'active section d'Hennebont, et son président LE TOUZÉ, et par les nombreux camarades qui avaient assisté à la réunion, s'est rendue, à 11 heures, au cimetière de Camel, pour déposer une gerbe de fleurs au monument aux morts.

(*Le Nouvelliste du Morbihan,* 21 juin 1928).

Au cimetière un discours vibrant fut prononcé par M. Maurice JEAN, Président et reproduit par les plus importants journaux de la région :

Le Nouvelliste du Morbihan,
Le Phare de la Loire, de Bretagne et de Vendée,
Le Populaire de Nantes,
Le Nouvelliste de Bretagne,
L'Ouest-Eclair.

A Lorient aussi, et dans toute la région, la *Semaine Coloniale* se trouve donc désormais installée, avec droit de cité, grâce à ses dévoués et fidèles amis les Anciens Coloniaux.

ROUEN

La célébration de la *Semaine Coloniale* se confondait, à Rouen, avec l'ouverture de la Foire-Exposition, fixée au 15 juin, et dont la section coloniale constitua ensuite la participation à la Semaine.

Les affiches de la Semaine furent apposées et les timbres vendus. Plusieurs articles coloniaux furent insérés dans la presse, et, presque tous les jours, une conférence coloniale filmée fut donnée par des personnalités coloniales. Les conférences se tenaient dans le salon d'honneur du grand Hall ; elles étaient publiques et gratuites, et obtinrent le plus grand succès.

AUTRES VILLES

Lyon est un centre de propagande coloniale permanente des plus intenses. A l'occasion de la Semaine, il fut établi un plan de conférences données avec toute la publicité nécessaire, et les affiches de la Semaine furent apposées dans les locaux de la Chambre de Commerce.

Toulouse a tenu à organiser une manifestation symbolique, à l'initiative du Capitaine Lasserre, Président de l'Association des Anciens Coloniaux de la Haute-Garonne. Le 17 juin, un cortège se rendit au cimetière, au monument des Coloniaux ; la Fédération départementale des Mutilés s'était jointe au cortège. Des discours de circonstance furent prononcés, et la presse régionale voulut bien donner la plus large publicité à cette manifestation toute simple, mais qui s'applique si bien à l'idée nationale dont s'inspire la *Semaine Coloniale.*

A **Dijon,** la fête projetée n'ayant pu être réalisée, fut remplacée par une réunion, à l'Hôtel de Ville, de l'Union Mutuelle et Fraternelle des Anciens Militaires de la Marine, présidée par M. Guillarme. Une conférence fut faite sur la *Semaine Coloniale,* dont les affiches avaient été apposées en ville.

A **Meaux,** M. Amaury, Président de l'Association mutuelle des Anciens Militaires Coloniaux, convoque ses camarades en Assemblée, et fait placarder les affiches de la Semaine.

A **Lille,** ce sont les anciens du 233e Régiment, un beau régiment de guerre du Nord et du Pas-de-Calais, qui prennent à leur compte la *Semaine Coloniale.* Ils tiennent leur Assemblée annuelle le 9 juin, apposent l'affiche de la Semaine, vendent les timbres, et font une fraternelle visite aux tombes des camarades morts pour la patrie.

A **Gray,** M. Bepoix constitue, à l'occasion de la *Semaine Coloniale,* une Société d'anciens coloniaux qui adhère immédiatement à la Fédération. De gracieuses dames vendent les timbres de la Semaine.

A **Châteauroux,** la Chambre de Commerce distribue les timbres de la *Semaine Coloniale,* et fait apposer les affiches illustrées du Comité National.

IV

CONCLUSIONS

Ce qui caractérise la *Semaine Coloniale* de 1928, on l'a vu au cours de ce récit, c'est la généralisation de l'action nationale autour de cette œuvre bienfaisante. Il semble que, de toutes parts, le désir ait été éprouvé de participer à la propagande du Comité National.

Nous avons signalé, dans la *Semaine Provençale*, la part intéressante prise par la Marine à la manifestation dans le grand port de Marseille.

Pareillement, à Paris, et dans toutes les villes de garnison, l'Armée et la Marine donnèrent un concours empressé, malgré les lourdes charges du service à court terme.

Le Comité National n'en éprouve que plus vivement l'obligation de remercier les Ministres de la Guerre et de la Marine de leur grande bienveillance.

Il remerciera, non moins chaleureusement, M. le Ministre de l'Instruction publique, d'abord pour lui avoir accordé la disposition du Palais-Royal, à Paris, ensuite et surtout pour la coopération si précieuse qui a été donnée partout par le personnel enseignant. Il semble qu'une fraternité de bon aloi se soit établie, d'instinct, entre la *Semaine Coloniale*, œuvre d'Education nationale, et l'Enseignement à tous les degrés, préposé à l'éducation des jeunes générations, qui seront la France de demain.

Partout les écoles sont invitées aux manifestations. C'est ainsi qu'elles furent admises gratuitement au Palais-Royal, pendant la journée du jeudi, 14 juin. Nous avons vu les séances scolaires organisées à Marseille, à Bordeaux, à Metz, à Remiremont, à Béziers, partout, en un mot. Et, dans le même temps, nous voyons les maîtres de l'Université faire des conférences, des causeries, des leçons de circonstance.

Que tous veuillent bien trouver ici l'expression de la reconnaissance du Comité National.

COLLABORATION DE LA PRESSE

Une autre collaboration, qu'il faut également signaler ici avec reconnaissance, c'est celle de la Presse, qui fut cordiale, empressée, désintéressée.

La Presse a, sur tout autre collaboration, l'avantage de transporter la propagande aux régions les plus reculées du territoire, là où des manifestations spéciales ne pourront être organisées avant longtemps, et où, cependant, il importe de faire pénétrer l'Idée Coloniale.

Il faudrait pouvoir citer tous les documents de cette admirable presse de province, qui prépare et renseigne l'opinion avant la Semaine, qui en suit pas à pas les manifestations, qui en donne des comptes rendus complets et vivants. Là même où il ne peut être organisé aucune manifestation, même symbolique, des hommes dévoués obtinrent de la presse locale des articles dont l'efficacité de propagande n'a pas besoin d'être démontrée.

Quant à la grande presse parisienne, dont l'autorité est si étendue et si profonde, elle prêta, du premier jour au dernier, un concours précieux, pour lequel le Comité National lui réserve une vive reconnaissance. Chaque jour, les comptes rendus étaient suivis de l'annonce du programme du lendemain. Les remarques spontanées, qui s'y ajoutaient parfois, ont mé-
tieuse qui est dans la manière habituelle de cette grande et belle Revue.
rité, le plus souvent, d'être retenues pour les organisations futures.

Indépendamment du *Petit Parisien*, dont la coopération généreuse a été rappelée précédemment, une mention spéciale est due à *L'Illustration*, qui, après avoir annoncé la *Semaine Coloniale*, en donna un compte rendu illustré présenté avec la perfection minutieuse qui est dans la manière habituelle de cette grande et belle Revue.

Le Monde Colonial Illustré, lui, est, pour la *Semaine Coloniale*, un ami de la première heure. Il lui consacra un numéro spécial, qui est un véritable document de principe et de propagande, et qu'il voulut bien abandonner, au prix de revient, à tous les comités.

VUE D'AVENIR

L'Avenir, pour le Comité National, ne se conçoit que dans le progrès.

Il a conscience d'avoir, en 1928, fait plus et mieux qu'en 1927; il fera plus et mieux encore en 1929, grâce à l'expérience acquise, grâce aux appuis nouveaux qu'il obtiendra, grâce aux conseils qui lui ont été et qui lui seront donnés, grâce, enfin. aux critiques inspirées, comme son action elle-même, du seul souci de l'intérêt national.

L'année prochaine, la *Semaine Parisienne* sera, plus encore que cette année, le centre vibrant d'une manifestation à laquelle il faudra bien trouver le moyen d'intéresser également toutes les classes de la population.

En Province, le but à atteindre sera de généraliser plus encore la manifestation, en tenant compte de certaines difficultés locales. Il est acquis désormais que la bonne volonté est générale : il faudra que l'effet pratique en devienne général également.

Hors de France, enfin, les préparatifs les plus encourageants apparaissent un peu partout. D'Indo-Chine, on demande déjà au Comité National une documentation indicatrice. Au Maroc, certains groupements ont offert leur collaboration, un peu tard pour cette année, mais qui est retenue avec reconnaissance pour l'année prochaine.

A Alger, enfin, à la suite de la remarquable conférence faite à la Société de Géographie par notre Vice-Président, M. Teisseire, nous avons vu que la décision fut prise, sur le champ, de préparer dès maintenant la Semaine de 1929.

Le Comité National peut donc maintenir avec confiance ses conclusions de l'année dernière :

« La *Semaine Coloniale* tendra ainsi à devenir la Fête Nationale de la France totale, de la France des cinq parties du monde. Célébrée en même temps sur l'ensemble des territoires métropolitains et des territoires français d'outre-mer, elle constituera un hommage national aux coloniaux passés et présents, tous créateurs dans l'œuvre coloniale ; elle apparaîtra comme un échange affectueux de cordialités réciproques entre les diverses parties de la France mondiale, une et indivisible ».

Comité National de la Semaine Coloniale
Comité de Patronage

Présidents :

MM.

Le Général MESSIMY, Sénateur, Ancien Ministre, Président de la Commission des Colonies du Sénat.

CHARLÉTY, Recteur de l'Université de Paris.

MM.

DIAGNE, Député, Ancien Haut Commissaire au recrutement des troupes indigènes, Président de la Commission des Colonies de la Chambre.

A. BAUDET, Président de la Chambre de Commerce de Paris.

Membres :

MM.

François ALBERT, Ancien Ministre, Président de la Ligue de l'Enseignement.

ANGOULVANT, Gouverneur Général Honoraire des Colonies, Ancien Député.

Paul APPELL, Ancien Recteur de l'Université, Président de l'*Union des Grandes Associations pour l'Essor National.*

Léon ARCHIMBAULD, Député, Président du Groupe Colonial de la Chambre des Députés.

Adrien ARTAUD, Ancien Président de la Chambre de Commerce, Président de l'*Institut Colonial de Marseille.*

ANTONETTI, Gouverneur Général de l'Afrique Equatoriale Française.

Général ARCHINARD.

André ATTHALIN, Administrateur-Délégué de la Compagnie Générale des Colonies, Directeur de la *Banque de Paris et des Pays-Bas.*

AUDIGIER, Secrétaire Général de l'*Union des Fédérations des Syndicats d'Initiative de France et des Colonies.*

Mgr BAUDRILLART, de l'Académie Française, Recteur de l'Institut Catholique.

Henri BELIARD, Président de l'*Union des Chambres de Commerce Françaises à l'Etranger, aux Colonies et Pays de Protectorat.*

S. A. R. Mgr le Prince SIXTE DE BOURBON-PARME.

Henry BÉRENGER, Sénateur de la Guadeloupe, Président de la *Société des Artistes Coloniaux.*

MM.

Louis BERTRAND, de l'Académie Française, Président de la *Société des Ecrivains Coloniaux.*

L. BESSON, Administrateur-Gérant de la *Compagnie Marseillaise de Madagascar.*

M. le Pasteur BLANC, Président du Consistoire.

Pierre BORDES, Gouverneur Général de l'Algérie.

Paul BOYER, Président du Conseil d'Administration du *Comptoir National d'Escompte de Paris.*

BOYER, Administrateur de l'*Ecole des Langues Orientales.*

Gaston BRETON, Administrateur de la *Société des Transports Maritimes à Vapeur.*

A. BRUNET, Député de la Réunion.

CAHEN-FUZIER, Directeur Général-Adjoint de la *Banque de l'Union Parisienne.*

Dr A. CALMETTE, de l'Académie de Médecine, Sous-Directeur de l'*Institut Pasteur.*

Gratien CANDACE, Député de la Guadeloupe.

CARDE, Gouverneur Général de l'Afrique Occidentale Française.

CAZALET, Président du Conseil d'Administration de la *Compagnie de Navigation Mixte.*

CHAIX, Président du *Touring-Club de France.*

CHAPUY, Président du Conseil d'Administration de la *Compagnie Française des Chemins de Fer du Dahomey.*

CHAUMET, Président de la *Ligue Maritime et Coloniale Française.*

André CITROËN, Industriel.

CLÉMENTEL, Sénateur, Président du *Comité National des Conseillers du Commerce Extérieur.*

MM.

Gabriel Cordier, Président du Conseil d'Administration de la *Compagnie des Chemins de Fer du P.-L.-M.*

Cuttoli, Sénateur de l'Algérie.

Paul Cyprien-Fabre, Président de la *Compagnie Française de Navigation à Vapeur.*

Daladier, Député, Ancien Ministre des Colonies.

D'Eichthal, Membre de l'Institut, Directeur de *l'Ecole des Sciences Politiques.*

Dreux, Président du *Comité des Forges.*

Duchemin, Président de la *Confédération Générale des Productions Françaises.*

Duprat, Gouverneur des Colonies, Directeur de l'*Agence Centrale des Banques Coloniales.*

Duroux, Sénateur d'Alger.

Jean Fabry, Député de Paris, Ancien Ministre des Colonies.

Arthur Fontaine, Président du Conseil du *Réseau des Chemins de Fer de l'Etat.*

Fontaneilles, Président du Conseil du *Réseau des Chemins de Fer d'Alsace et de Lorraine.*

Fougère, Président de l'*Association Nationale d'Expension Economique.*

Jean Fraissinet, Président de la *Compagnie Marseillaise de Navigation à Vapeur.*

Maréchal Franchet d'Espérey.

Getten, Vice-Président de la *Compagnie des Chemins de Fer de l'Indochine et du Yunnam.*

Hubert Giraud, Ancien Député, Président de la *Société Générale des Transports Maritimes à Vapeur.*

Général Gouraud, Gouverneur Militaire de Paris.

Jean Hersent, Ingénieur des Arts et Manufactures.

André Hesse, Député, Ancien Ministre des Colonies.

Gabriel Hanotaux, de l'Académie Française, Président de la *Société des Amis des Archives Coloniales.*

Octave Homberg, Président du Conseil d'Administration de la *Société Financière et Coloniale.*

Lucien Hubert, Sénateur, Président de la *Section Economique au Conseil Supérieur des Colonies.*

MM.

Paul Imbert, Président du Conseil d'Administration de la *Compagnie Havraise Péninsulaire.*

Maréchal Joffre.

Josse, Président du Conseil d'Administration de la *Banque Commerciale Africaine.*

Klobukowski, Ministre Plénipotentiaire, Ancien Gouverneur Général de l'Indo-Chine.

Paul Labbé, Secrétaire Général de l'*Alliance Française.*

Vice-Amiral Lacaze, Ancien Ministre, Président de *l'Institut Colonial Français.*

Lautier, Député de la Guyane.

Laroze, Gouverneur du *Crédit Foncier de France.*

Albert Lebrun, Sénateur, Ancien Ministre des Colonies.

Georges Lecomte, de l'Académie Française, Ancien Président de la *Société des Gens de Lettres.*

Lémery, Sénateur de la Martinique, Ancien Sous-Secrétaire d'Etat.

Paul Léon, Directeur Général des Beaux-Arts.

Israël Lévy, Grand Rabbin.

Henri Lorin, Député, Secrétaire Général de la *Société de Géographie Commerciale.*

Maréchal Lyautey, Ancien Résident Général de France au Maroc.

Marande, Président de la *Ligue Coloniale du Havre.*

De Margerie, Président du Conseil d'Administration de la *Banque Française de l'Afrique.*

Louis Marin, Député, Président de la *Société de Géographie Commerciale.*

François Marsal, Sénateur, ancien Président du Conseil, Président de l'*Union Coloniale Française.*

Maspero, Président de la *Banque Franco-Chinoise.*

Maxwell, Procureur Général, Président de l'*Institut Colonial de Bordeaux.*

Gaston Menier, Sénateur, Industriel.

Mennesson, Bâtonnier de l'Ordre des Avocats à la Cour de Paris.

Mercier, Président du *Redressement français*, Vice-Président du Conseil d'Administration du *Monde Colonial Illustré.*

MM.

Martial **Merlin**, Gouverneur Général Honoraire des Colonies.

De **Nalèche**, Président de l'*Association de la Presse Parisienne.*

Nouvion, Administrateur, Directeur de la *Banque de l'Afrique Occidentale.*

Marcel **Olivier**, Gouverneur Général de Madagascar.

Ernest **Outrey**, Député de la Cochinchine.

De **Palomera**, Président de la *Confédération des Groupes Commerciaux et Industriels de France.*

Le Général **Pau**, Président du Comité Central de la *Croix-Rouge Française.*

Robert **Peugeot**, Industriel.

Georges **Philippar**, Président du Conseil d'Administration de la *Compagnie des Messageries Maritimes.*

Ernest **Picard**, Directeur général de la *Banque de l'Algérie.*

Renaudin, Président du Conseil d'Administration de la *Compagnie des Chemins de fer de l'Est.*

Louis **Renault**, Industriel.

Ernest **Roume**, Gouverneur Général Honoraire des Colonies.

Roux-Freissineng, Député d'Oran.

Pierre **Richemond**, Président de la *Compagnie des Chemins de Fer d'Orléans.*

Lucien **Saint**, Résident Général de France en Tunisie.

MM.

Maurice **Sarraut**, Sénateur, Directeur de la *Dépêche de Toulouse.*

Simoni, Président du *Comité du Commerce de l'Industrie et de l'Agriculture de l'Indo-Chine.*

Saurin, Président-Directeur de la *Banque de Madagascar.*

Schrameck, Sénateur, Ancien Ministre.

Schwob-d'Héricourt, Premier Vice-Président de la *Commission Coloniale du Comité Français des Expositions.*

Steeg, Sénateur, Résident Général de France au Maroc.

Georges **Teissier**, de l'Institut, Président du *Conseil d'Administration de la Compagnie des Chemins de Fer du Midi.*

Dr **Teissier**, de l'Académie de Médecine, Président du *Comité d'Etudes de l'Hygiène et du Traitement des Maladies Coloniales de l'I.C.F.*

Général de **Trentinian**.

Fr. **Vezia**, Président du *Syndicat de Défense des Intérêts Sénégalais.*

Alexandre **Varenne**, Député, Ancien Gouverneur Général de l'Indochine.

Violette, Député, Ancien Gouverneur Général de l'Algérie.

Paul **Vivien**, Président du *Syndicat de la Presse Coloniale.*

Comité des Dames Patronnesses de la Semaine Coloniale

Présidentes d'Honneur :

Mmes

Raymond **Poincaré**.

Léon **Perrier**.

Albert **Sarraut**.

Mmes

S.A.R. la Princesse **Sixte de Bourbon-Parme**.

La Maréchale **Joffre**.

La Maréchale **Lyautey**.

Présidente :

Mme J. **Dal Piaz**.

Vice-Présidentes :

Mmes

Henry **Bérenger**.

Bouju.

Chiappe.

Mmes

Dislère.

André **Hesse**.

François **Marsal**

Membres :

Mmes
La Baronne d'Ardennes de Tizac.
La Princesse Ernest d'Arenberg.
Avril de Sainte-Croix, Présidente du *Conseil National des Femmes Françaises.*
Barbier-Hugo, Présidente de l'*Union des Femmes de France.*
La Princese de Beauvau.
La Duchese de Bisaccia.
Paul Boyer.
Jules Cambon.
Chaumet.
H. Celarie.
Paul Chapuy.
André Citroën.
Clémentel.
G. Cordier.
Duroux.
Paul Cyprien-Fabre.

Mmes
La Comtesse de Galard, Présidente de l'*Association des Dames Françaises.*
La Générale Génie.
J.-L. Gheerbrandt.
La Duchesse d'Harcourt.
La Duchesse de La Rochefoucauld.
La Comtesse Gabriel de La Rochefoucauld.
Paul Labbé.
A. Lebrun.
La Générale Legrand-Falco, Présidente de l'*Union Fraternelle des Femmes.*
La Duchesse de Mouchy.
De Nalèche.
Louis Renault.
La Comtesse Jacques de Rohan-Chabot.
La Marquise de Taste, Vice-Présidente de la *Société des Amis de Carthage et des Villes d'Or.*
Marcelle Tinayre, Femme de Lettres.

Comités de l'Afrique du Nord

ALGERIE

Présidente d'honneur :

Mme Pierre Bordes.

Présidente :

Mme Marc Thomson.

Membres :

Mmes
Cuttoli.
Félix Falk.
André Hesse.
Lame-Després.
Morinaud.

Mmes
Oudot.
Paul-Ernest Picard.
Roux-Freissineng.
Tillier.

TUNISIE

Présidente d'Honneur :

Mme Lucien Saint.

Présidente :

Mme la Comtesse Edouard de Warren.

Membres :

Mmes
Geoffroy St-Hilaire.
Georges Hecquet.
La Baronne de Nervo.

Mmes
Piquet-Baya.
Rondet-Saint.

MAROC

Présidente d'Honneur :

Mme Steeg.

Membres :

Mmes

Victor Berti.
Albert Guérin.
S. Nacivet.
Maurice Piot.
Léon Pissard.
Morinaud.
Paul Rebuffel.

Comité de l'Afrique Occidentale et Equatoriale

Présidente d'Honneur :

Mme Carde.

Présidente :

Mme Martial Merlin.

Membres :

Mmes

Allard.
La Comtesse de Bernis.
Diagne.
Devoye.
Camille Guy.
Hesling.
Superville.
La Duchesse d'Uzès.

Comité de Madagascar et de la Réunion

Présidente d'Honneur :

Mme Marcel Olivier.

Présidente :

Mme J. Auber.

Membres :

Mmes

Paul Boyer.
Auguste Brunet.
Géraud.
Lacaille.
Pelletier.
Saurin.
Winter-Frappier de Montbenoit.

Comité de l'Indochine et de l'Inde

Présidente :

Mme Klsbukowski-Paul-Bert.

Membres :

Mmes

S.A. la Princesse Achille Murat.
La Marquise de Chasseloup-Laubat.
Charles Carrère.
Chivas-Baron.
Henri Estier.
A.-R. Fontaine.
Goldenberg.
Grammont.
M. Guesde.
Guimet.
Maspero.
P. Pasquier.
Pelio.
Robert Peugeot.
Rodier.
René Théry.
René Thion de la Chaume.

Comité des Vieilles Colonies

GUADELOUPE et GUYANE

Présidente d'Honneur :

Mme Henry BÉRENGER.

Présidente :

Mme G. CANDACE.

Membres :

Mmes

DORMOY.
DUPARC.
LE DENTU.

Mmes

MICARD.
PAYEN.
PIC.

MARTINIQUE, TAHITI, NOUVELLE-CALEDONIE

Présidente d'Honneur :

Mme LÉMERY.

Présidente :

Mme Alcide DELMONT.

Membres :

Mmes

BARTHE.
BAUDE.
BODARD.
W. DUFOUGERÉ.
JOUCLA.

Mmes

L. MÉYER.
G. MÉYER.
La Comtesse d'ORIGNY.
S. TOUZE.

Comité National et Commissariat Général

Président :

M. Alcide DELMONT, Avocat à la Cour d'Appel, Député, Vice-Président-Délégué Général de l'*Institut Colonial Français*

Vice-Président :

M. Raymond TEISSEIRE, Président du *Comité Provençal de la Semaine Coloniale.*

Trésorier Général :

M. Marcel BÉNARD, Banquier, Vice-Président de la *Société des Amis des Archives Coloniales,* Trésorier de l'*Institut Colonial Français.*

Membres :

MM.

ARMBRUSTER, Commissaire Général de l'*Union des Grandes Associations.*

BOURDARIE, Secrétaire Perpétuel de l'*Académie des Sciences Coloniales.*

CAYLA, Gouverneur des Colonies, Commissaire Général Adjoint de l'*Exposition Coloniale de 1931.*

MM.

G. GRANDIDIER, Secrétaire Général de la *Société de Géographie.*

Marius LEBLOND, Homme de Lettres, Secrétaire Général de la *Société des Ecrivains Coloniaux.*

LE NEVEU, Directeur Général de l'*Union Coloniale Française.*

MM.

Pierre LYAUTEY, Directeur de l'*Association de l'Industrie et de l'Agriculture Françaises.*

G. MAUS, Président de la *Fédération des Commerçants détaillants.*

MEGGLE, Directeur du *Comité National des Conseillers de Commerce extérieur.*

Martial MERLIN, Gouverneur Général Honoraire des Colonies.

RENOUARD, Directeur de l'*Association Nationale d'Expansion Economique.*

MM.

RONDET-SAINT, Directeur de la *Ligue Maritime et Coloniale Française.*

SUPERVILLE, Administrateur de Sociétés Coloniales.

Auguste TERRIER, Secrétaire Général du *Comité de l'Afrique Française.*

René THÉRY, Directeur de l'*Economiste Européen,* Rapporteur Général de l'*Institut Colonial Français.*

Robert THOUMYRE, Député, Ancien Sous-Secrétaire d'Etat.

Administrateur Général :

M. J.-L. GHEERBRANDT, Directeur de l'*Institut Colonial Français.*

Commissaire Général :

M. TROCHON, Maître des Requêtes au Conseil d'Etat, Ancien Directeur du Cabinet du Ministre des Colonies.

Secrétaire Général :

M. le Général GÉNIE.

Secrétaire Général Adjoint :

M. le Colonel ROGER-VASSELIN.

Commissaires Généraux Adjoints :

MM.

GUY, Gouverneur Honoraire des Colonies.

GOURDON, Ancien Directeur de l'Instruction Publique en Indochine.

Comité de Paris et de la Région Parisienne

MM.

G. LEMARCHAND, Président du Conseil Municipal de Paris.

DELSOL, Ancien Président du Conseil Municipal de Paris.

Pierre GODIN, Ancien Président du Conseil Municipal de Paris.

François LATOUR, Rapporteur Général du Budget de Paris.

DHERBÉCOURT, Sénateur, Président du Conseil Général de la Seine.

FIANCETTE, Rapporteur Général du Budget Départemental de la Seine.

Louis AUCOC, Syndic du Conseil Municipal de Paris et du Conseil Général de la Seine.

CHÉRIOUX, Ancien Président du Conseil Municipal de Paris et du Conseil Général de la Seine.

Paul FLEUROT, Conseiller Municipal de Paris, Président du Conseil Général de la Seine.

MM.

Joseph DENAIS, Conseiller Municipal de Paris, Conseiller Général de la Seine.

Lucien DOUANE, Vice-Président de la Chambre de Commerce de Paris.

Robert BOS, Conseiller Municipal de Paris, Conseiller Général de la Seine.

BEQUET, Conseiller Municipal de Paris, Conseiller Général de la Seine.

PIERROTET, Conseiller Municipal de Paris, Conseiller Général de la Seine.

Pierre LEMY, Vice-Président de la Chambre de Commerce de Paris.

BERTAUT, Membre Secrétaire de la Chambre de Commerce de Paris.

BOUCHÉ, Membre Secrétaire de la Chambre de Commerce de Paris.

Louis SÉBASTIEN, Membre Trésorier de la Chambre de Commerce de Paris.

Mmes

Avril de Sainte-Croix, Présidente du *Conseil National des Femmes Françaises.*

Barbier-Hugo, Présidente de l'*Union des Femmes de France.*

Boas de Jouvenel, Secrétaire Générale de la *Bienvenue Française.*

Compain, Secrétaire Générale du *Foyer des Campagnes.*

La Comtesse de Galard, Présidente de l'*Association des Dames Françaises.*

La Générale Legrand.

La Maréchale Lyautey, Présidente du Comité Central des *Dames de la Société de Secours aux Blessés militaires.*

Malaterre-Sellier, Secrétaire Générale de l'*Union Française pour le Suffrage des Femmes.*

Massieu, Membre du Comité de l'*Asie Française.*

Marquise de Tastes, Vice-Présidente de la *Société des Amis de Carthage et des Villes d'Or.*

Duchesse d'Uzès, Présidente du *Lyceum-Club.*

Winter-Frappier de Montbenoit, Présidente-Fondatrice de la *Française-Créole.*

MM.

Léon Accambray, Député, Délégué élu de la Guinée Française.

Archimbaud, Député, Délégué élu de la Nouvelle-Calédonie.

Georges Boussenot, Ancien Député, Délégué élu de Madagascar.

Gratien Candace, Député de la Guadeloupe, Délégué élu de l'Océanie.

Fernand Dubosc, Délégué élu de l'Afrique Equatoriale Française.

Fougère, Député, Délégué élu de St-Pierre et Miquelon.

Lassalle, Député des Landes, Délégué élu de Madagascar.

Francis Mury, Délégué élu des Comores-Madagascar.

Louis Proust, Député, Délégué élu du Soudan et de la Haute-Volta.

Ernest Outrey, Député, Délégué élu du Cambodge.

Mgr Le Hunsec, Administrateur Général des Missions.

MM.

Aubert, Président du *Syndicat de la Chambre Cinématographique.*

Bourdel, Président de l'*Alliance Syndicale du Commerce et de l'Industrie.*

Brézillon, Président du *Syndicat Français des Directeurs de Cinématographes.*

R. P. Brottier, Secrétaire Général du *Souvenir Africain.*

Georges Bourdon, Secrétaire Général du *Syndicat des Journalistes.*

Burguet, Président de la *Société des Auteurs de Films.*

Paul Chabas, Président de la *Société Nationale des Artistes Français.*

Robert Chauvelot, Explorateur, chargé de missions, Membre du Conseil Supérieur des Colonies.

Jean Clément, Ancien Délégué de la Côte-d'Ivoire, Président des *Anciens de la Côte-d'Ivoire.*

J.-L. Croze, Président de la *Presse Cinématographique.*

Dalloz, Directeur des *Films Exotiques.*

Henri Delmont, Président des *Jeunesses Coloniales.*

Douarch, Secrétaire Général, *Groupe parisien de la Ligue de l'Enseignement.*

Driault, Président du *Comité Michelet.*

Docteur Dufougeré, Président de l'*Union des Guyanais et Amis de la Guyane.*

Elbel, Président du *Comité d'Action Economique et Financière.*

De Fontenay, Ambassadeur de France, Président de l'*Association Amicale Franco-Chinoise.*

Forain, Président de la *Société Nationale des Artistes Français.*

Fouquet-Lapar, Président de la *Chambre Syndicale Bijouterie, Joaillerie, Orfèvrerie.*

Fournier, Président du *Comité Central des Chambres Syndicales.*

Franck, Président du *Syndicat Général de la Bourse de Commerce.*

Frantz-Jourdain, Président de la *Société du Salon d'Automne.*

Gabion, Directeur de l'*Agence Radio.*

Gamard, Président de la *Fédération de la Mutualité Coloniale.*

MM.

Gasquet, Administrateur-Délégué du *Monde Colonial Illustré.*

Gattino, Président de l'*Association des Etudiants.*

Paul Gaultier, Secrétaire Général de l'*Union Française.*

Gaumont, Président de la *Société des Etablissements Gaumont.*

Gémier, Directeur du *Théâtre de l'Odéon.*

Louis Giorgi, Président de l'*Association des Informateurs Parisiens.*

Lucien Hubert, Sénateur, Président de la *Société des Anciens Elèves de l'Ecole Coloniale.*

Hubert-Aubert, Directeur de l'*Union Nationale des Combattants.*

Jacob, Syndic de la *Chambre Syndicale des Agents de Change de la Bourse de Paris.*

Kestner, Président de la *Conférence au Village.*

Lassalle, Président du *Groupe des Syndicats du Bâtiment et des Industries qui s'y rattachent.*

Langaudin, Président de la *Société Amicale Réunionnaise.*

Languereau, Président du *Cercle de la Librairie* et du *Syndicat des Industries du Livre.*

Lecomte, Inspecteur d'Académie, Directeur de l'Enseignement du Département de la Seine.

Leprince-Ringuet, Président de l'*Union des Anciens Elèves des Lycées et Collèges.*

R.-G. Lévy, Président du *Comité Israélite de Propagande à l'Etranger.*

Martel, Administrateur-Délégué du *Comité de la Foire de Paris.*

MM.

E. Martin, Avocat à la Cour, Président du *Comité des Anciens de Madagascar.*

Martel, Administrateur-Délégué du *Comité nier.*

Robert Morche, Secrétaire Général du *Syndicat des Journalistes et des Ecrivains.*

De Nalèche, Président de l'*Associatiton de la Presse Parisienne.*

Parenty, Président de la *Société d'Hygiène de France.*

Pathé, Président de la *Société des Etablissements Pathé;*

Le Général Pau, Président du *Comité Central de la Croix-Rouge Française.*

Pichot, Membre de la Chambre de Commerce, Président du Comité Directeur de la *Foire de Paris.*

Planque, Président du *Comité de l'Alimentation Parisienne.*

Léon Poirier, Cinégraphiste.

Aristide Quillet, Editeur.

L. Renier, Directeur Général de l'*Agence Havas.*

Siffert, Maire de Besançon, Président de la *Confédération Nationale des Boissons.*

Sautter, Directeur de la *Société des Foyers de l'Union.*

Taittinger, Député, Vice-Président de la *Commission d'Algérie, des Colonies et Protectorats.*

Tedesco, Directeur du *Théâtre du Vieux-Colombier.*

Jean Vignaud, Directeur de *Ciné-Miroir.*

Paul Vivien, Président du *Syndicat de la Presse Coloniale.*

Comité d'Action

Président :

M. Paul FLEUROT, Conseiller Municipal de Paris, Président du Conseil Général de la Seine.

Vice-Présidents :

MM.

Georges MAUS, Président de la *Fédération des Commerçants détaillants.*

Pierre BONARDI, Homme de Lettres.

MM.

BRÉZILLON, Président du *Comité des Fêtes de Paris.*

RUFFE, Vice-Président de la *Société Coloniale des Artistes Français.*

Membres :

MM.

ARMBRUSTER, Commissaire Général de l'*Union des Grandes Associations.*

Joseph BLACHE, Délégué à la Propagande de l'*Institut Colonial Français.*

CHAUMEL, Administrateur des Colonies.

MM.

ETÈVE, Directeur-Adjoint de l'*Ecole Spéciale des Travaux Publics.*

LACROIX, Secrétaire Général de la Chambre de Commerce de Paris.

MAIGRET, Homme de Lettres, Explorateur.

WULFFLEFF, Architecte.

Trésorier :

JOYER, Administrateur de Sociétés Coloniales.

Délégué Général aux Fêtes :

CORNATON, Président du Comité des Fêtes du 1er Arrondissement.

Affiche de la " **Semaine Coloniale de 1928** "

Offerte
par le "**PETIT PARISIEN**"

IMPRIMERIE E.-A. LAPIERRE
5, RUE DE CALAIS. PARIS-9e

www.ingramcontent.com/pod-product-compliance
Ingram Content Group UK Ltd.
Pitfield, Milton Keynes, MK11 3LW, UK
UKHW020351220726
13923UKWH00004B/1605